Dr. Markus Krall

DER DRAGHI-CRASH

Warum uns die entfesselte Geldpolitik in die finanzielle Katastrophe führt

In Erinnerung an Roland Baader (1940–2012)

Bibliografische Information der Deutschen Nationalbibliothek
Die Deutsche Nationalbibliothek verzeichnet diese Publikation in der Deutschen National-
bibliografie; detaillierte bibliografische Daten sind im Internet über http://d-nb.de abrufbar.

Für Fragen und Anregungen:
info@finanzbuchverlag.de

4 . Auflage 2018

© 2017 by FinanzBuch Verlag,
ein Imprint der Münchner Verlagsgruppe GmbH
Nymphenburger Straße 86
D-80636 München
Tel.: 089 651285-0
Fax: 089 652096

Redaktion: Marion Reuter
Korrektorat: Bärbel Knill
Umschlaggestaltung: Marc-Torben Fischer
Umschlagabbildung: REUTERS/Kai Pfaffenbach
Satz: Digital-Design, Eka Rost
Druck: GGP Media GmbH, Pößneck
Printed in Germany

ISBN Print 978-3-95972-072-4
ISBN E-Book (PDF) 978-3-96092-122-6
ISBN E-Book (EPUB, Mobi) 978-3-96092-123-3

Weitere Informationen zum Verlag finden Sie unter

www.finanzbuchverlag.de
Beachten Sie auch unsere weiteren Verlage unter www.m-vg.de.

Inhalt

Vorwort

zur vierten Auflage

Dass »Der Draghi-Crash« nur wenige Monate nach Erscheinen in vierter Auflage nachgedruckt wird, macht deutlich, dass die Debatte um die gefährlichen Folgen der Geldpolitik und die Überregulierung des Finanzsektors überfällig war. Nur vier Wochen hat es gebraucht, um das Buch aus dem Stand auf Platz 5 der Manager-Magazin-Bestsellerliste zu katapultieren, auf der es sich seit nunmehr 3 Monaten hält.

Ein enormes internationales Presseecho, Kommentare und Debatten haben Autor und Verlag zu der Entscheidung geführt, noch in diesem Jahr eine englische Ausgabe auf den Markt zu bringen.

Insbesondere hat »Der Draghi-Crash« eine Sache ins öffentliche Bewusstsein gebracht: das Problem der Zombie-Unternehmen, die eigentlich aus dem Wettbewerb ausscheiden sollten, aber durch die Subvention des Nullzinses künstlich am Leben erhalten werden und so die Volkswirtschaft mit Ineffizienzen verseuchen. Stagnierende Produktivität und anämisches Wirtschaftswachstum sind die Folgen. Forschungsinstitute und Analyseabteilungen von Banken haben diese These aufgegriffen. Sie beleuchten die Auswirkungen auf die Gesundheit des Kreditwesens und die Volkswirtschaft.

Mehr und mehr warnende Stimmen reißen die Debatte aus ihrer bisher um harte Kontroversen entkernten Gemütlichkeit.

Allein: Geldpolitik und Politik tut so, als sei nichts passiert. Die EZB und ihr Feldherr Draghi igeln sich in ihrem Elfenbeinturm ein. Die Erfolgsmeldungen von der Inflationsfront klingen wie die Berichte aus dem Grabenskrieg 1917/18: Wir robben uns mit statistischen Fluktuationen in Richtung des zwei-Prozent-Ziels, um einen Monat später feststellen zu müssen, dass die Schwerkraft uns wiederholt eingeholt hat. Das Wasserloch im monetären Granattrichter gehört wieder der anderen Seite. Denn die Kerninflation bewegt sich keinen Millimeter von der Stelle, verharrt bei 1 % und das ist nur für die Adepten der von der Realität längst desavouierten neo-Keynesianischen Modelle im Maschinenraum der EZB eine Überraschung.

Eine Stellungnahme der EZB zu den in diesem Buch erhobenen Bedenken, zu den heraufbeschworenen Risiken und der Sackgasse, in die man sich immer weiter hineinbegibt, wird auch weiterhin nicht zu erwarten sein. Der Echoraum gegenseitiger Selbstvergewisserung, abgesichert mit Stellungnahmen von keynesianisch orientierten wirtschaftswissenschaftlichen Instituten, die ihre Finanzierung der am Tropf Draghis hängenden Staatswirtschaft zu verdanken haben, befreit von der Notwendigkeit, Gedanken an die Entschärfung des Sprengsatzes zu verschwenden, der die Brisanz hat, die Europäischen Institutionen zu zerstören.

Damit die Debatte nicht verhallt: Folgen Sie mir auf Twitter unter @Markus_Krall

Frankfurt, den 18. Oktober 2017,
Markus Krall

Wenn du in einem Loch sitzt: Hör auf zu graben!

DONALD RUMSFELD

Die Frage ist nicht, wer mir eine Erlaubnis erteilt.
Die Frage ist, wer mich aufhalten kann.

AYN RAND

Vorwort

von Abtprimas Emeritus Dr. Notker Wolf

»Die Wahrheit wird euch frei machen« (Johannes 8, 32) lautet ein geflügeltes Wort Jesu aus der Bibel – und ich würde ergänzen: und wird euch in eurer Freiheit erhalten. Markus Krall analysiert von Anfang bis zum Ende des vorliegenden Buchs die gegenwärtige Finanz- und Wirtschaftslage Europas, mit entlarvender Akribie. Immer behält er dabei im Auge die Freiheit als Kern unseres Menschseins.

Aber was haben die politischen und finanziellen Verantwortlichen aus dieser Freiheit gemacht? Sie bevormunden die einfachen Leute, die Reichen flutschen aus nach Panama. Die EZB und die Regierungen kontrollieren jeden finanziellen Schritt ihrer Bürger. Großzügigkeit ist verpönt; man darf in Italien niemandem etwas jenseits von 999,99 Euro schenken. Die Menschlichkeit wird mit Füßen getreten. Dabei haben weder Monti noch Letta oder Renzi je den Mut gehabt, es mit den Gewerkschaften aufzunehmen und zugunsten der Volkswirtschaften zu entscheiden, das heißt für den Bürger.

Wer kontrolliert die EZB? Auch nur Menschen, die zentralistisch denken und den Bürger in seinen Freiheiten beschränken? Bevormundung allenthalben. Die Engländer, immer schon bedacht auf ihre individuelle Freiheit, haben sich als Erste von der EU verabschiedet. Jetzt wollen die Staaten der EU enger zusammenstehen. Aber haben sie daraus gelernt und sehen sie die Notwendigkeit und die Vorteile der Subsidiarität?

Markus Krall zeigt auf, auf welche verschlungenen Pfade die Verantwortlichen der EU und der EZB sich begeben, um dem Respekt vor der Freiheit der einzelnen Bürger, der Banken, der Marktwirtschaft auszuweichen. Es ist nicht von ungefähr so, dass die Griechen und Italiener sich rigorosen Sparplänen entziehen wollen. Ihre Kulturen denken anders als die nördlichen. Es wird eine Sisyphusarbeit sein, Europa zusammenzuhalten. Dabei wäre es das Gebot der Stunde im Rahmen der weltpolitischen Entwicklung. Das Erbe und den Kern des Abendlandes machen die individuelle und kulturelle Freiheit aus. Dieses Ideal muss hinter allen finanzpolitischen Erwägungen stehen. Aber es ist immer schon ein Bestreben der herrschenden Klasse, ihre »Untergebenen« zu bevormunden, und für Letztere ist es auch gar nicht unbequem, die Verantwortung nach oben abzuschieben. Nur, was wird daraus? Wird der Euro, werden all die europäischen Errungenschaften der Integration der Länder, der Freiheit der innereuropäischen Grenzen zusammenbrechen?

Es ist an der Zeit, aufzuwachen und die Freiheiten zu verteidigen, welche Konsequenzen sie auch immer nach sich ziehen werden. »Was nützt es dem Menschen, wenn er die ganze Welt gewinnt, dabei aber sein Leben einbüßt?« (Markus 8,36) lautet ein weiterer Spruch Jesu. Unsere abendländische jüdisch-christliche Tradition hat es nicht mit irgendwelchen Dogmen zu tun, sondern es geht um die Sorge Gottes für den Menschen und die Sorge der Menschen füreinander, um das Dienen am Volk, nicht das Herrschen über den Souverän. Markus Krall zieht die entsprechenden Konsequenzen, die alles andere als bequem sind. Sie erfordern ein Umdenken der

Politiker- und Finanzeliten. Vielleicht gilt auch da das Wort Reinhold Schneiders: »Allein den Betern kann es noch gelingen, das Schwert ob unsern Häuptern aufzuhalten.« Markus Krall beschreibt am Ende sehr wohl, was zu tun ist, um die Finanzen und die Wirtschaft wieder in die rechte Balance zu bringen. Aber werden die Verantwortlichen den Mut dazu aufbringen?

Dr. Notker Wolf OSB

Prolog

Eine Regierung muss sparsam sein, weil das Geld, das sie erhält, aus dem Blut und dem Schweiß ihres Volkes stammt. Es ist gerecht, dass jeder Einzelne dazu beiträgt, die Ausgaben des Staates tragen zu helfen. Aber es ist nicht gerecht, dass er die Hälfte seines jährlichen Einkommens mit dem Staat teilen muss.

FRIEDRICH DER GROSSE

Wenn es ernst wird, muss man lügen.

JEAN-CLAUDE JUNCKER, PRÄSIDENT DER EUROPÄISCHEN KOMMISSION

Wir verletzten alle Rechtsvorschriften, weil wir einig auftreten und wirklich die Euro-Zone retten wollten (...) Der Vertrag von Lissabon war eindeutig. Keine Rettungsaktionen.

CHRISTINE LAGARDE, PRÄSIDENTIN DES IWF

Nimm vom Staat das Recht weg, was bleibt dann als eine große Räuberbande?

HL. AUGUSTINUS VON HIPPO, KIRCHENLEHRER

Gut drei Jahre ist es nun her, dass mit dem Buch *Verzockte Freiheit* ein anderes, sich an marktwirtschaftlichen Erklärungen orientierendes Buch zur Darstellung der großen Finanz- und Wirtschaftskrise unserer Tage erschienen ist. Damals habe ich noch unter dem Pseudonym Diogenes Rant veröffentlicht. Heute schreibe ich hingegen aus der Notwendigkeit, Stellung zu beziehen, mit meinem Klarnamen.

Das Buch schlug einen Bogen von den Anfängen der US-amerikanischen Immobilienblase, der Geldpolitik und Bankenregulierung der 1990er-Jahre über die Erfindung der Immobilienkreditverbriefung, die Wechselwirkung von Politik, Regulierung, Geldpolitik, Banken, Ratingagenturen und Investoren bis zum Platzen der Blase, der nachfolgenden Lehman-Pleite und dem Crash von 2008. Es führte den Leser von der Finanzkrise zur mit ihr verwobenen Eurokrise und verdeutlichte bereits damals die Konstruktionsfehler der Eurorettungspolitik, deren endlose Erfolglosigkeit uns schon zur Lesegewohnheit geworden ist.

Vor allem stellte *Verzockte Freiheit* die einfachen Erklärungsmuster von Politik und staatsgläubigen Medien über die Schuldfrage an der Krise infrage und zeigte auf, wie sich alle Beteiligten, nachdem sie sich erfolgreich ihres Wertegerüsts entledigt hatten, Hand in Hand an der Entstehung der Katastrophe beteiligten. Nicht die Banken allein hatten einen Holzweg beschritten, sie waren in bester Gesellschaft, Teil eines mit einem Verfalldatum versehenen Ökosystems, zu dem Politik, Aufsicht, Ratingagenturen, Investoren und Investmentbanken ihren Beitrag geleistet hatten.

Im abschließenden Kapitel »Die sieben Todsünden gegen die Freiheit« brachte ich die Sorge zum Ausdruck, dass die Folgen dieser Entwicklungen sich nicht auf die Krisenbewältigung beschränken werden, sondern dass sie antifreiheitlichen Instinkten zu einer neuen Blüte verhelfen und so die Grundlagen unseres Wohlstands und unserer politischen Freiheit untergraben würden.

Diese Befürchtungen haben sich heute, nur drei Jahre später, in einem Maße bewahrheitet, das erschreckend ist.

Es zeigt sich, dass die massiven handwerklichen Fehler bei der Krisenbewältigung selbst neue Probleme heraufbeschwören, ja dass sie in ihrer Fehlkonstruktion sogar eine Krise noch gewaltigeren Ausmaßes lostreten werden. Wohin man auch sieht: Die politische Klasse sucht ihr Heil in der Planwirtschaft, der Bevormundung und dem Gängelband, an dem sie Banken, Versicherer, Konsumenten, Produzenten, ja ganze Staaten festbindet. Der bürokratische, planwirtschaftliche und sozialistische Zuteilungsstaat hat sich erst in den Köpfen unter dem Stichwort »Primat der Politik« und dann in der Umsetzung von Gesetzgebung und Regulierung breitgemacht.

Den Verantwortlichen der politischen Elite fehlt ganz offensichtlich der Kompass für die Funktionsweise der freien und sozialen Marktwirtschaft, die unserem Land Wohlstand und Wachstum beschert hat. Und die wirtschaftlichen und akademischen Eliten fallen ihr nicht in den Arm, abgesehen von einigen wenigen Unentwegten.

Der Reflex der Politik bei allem, was schiefgeht, ist die Suche nach einem Schuldigen, vorzugsweise aus der Finanzindustrie oder der übrigen Privatwirtschaft, und die Heilung durch Vorschriften, Verbote, Gebote und Zensur.

Dabei haben Politik, Aufsichtsbehörden und Zentralbanken sich selbst, die Finanzwirtschaft, ja uns alle in eine babylonische Gefangenschaft gezwungen, aus der wir ohne reinigende und schmerzhafte große Anpassungskrise nicht mehr herauskommen werden.

Verteidigt wird dieser falsche Weg durch kontinuierliches Fingerzeigen auf die vermeintlich einzig an der Entstehung der Krise Schuldigen, die Banken, dann durch die Betonung der Unabhängigkeit der EZB, die längst zu einem Fehlen jeglicher Kontrolle durch den Souverän degeneriert ist, und das Insistieren auf der Validität stümperhaft erstellter Analysen und ihrer Schlussfolgerungen, selbst dann noch, wenn für jedermann offensichtlich ist, dass man um Welten danebengelegen hat.

Bestes Beispiel hierfür sind die in Serie fehlgeschlagenen Bankenstresstests, die von der der EZB unterstellten Bankenaufsicht SSM (Single Supervisory Mechanism) und der EBA (European Banking Authority) durchgeführt werden. Die Ergebnisse taugen in Wahrheit nur noch als politisches Feigenblatt zur Hinauszögerung des geldpolitischen Offenbarungseides, indem sie die Verwüstungen, die die Nullzinspolitik in den Bankbilanzen angerichtet hat und noch anrichtet, dem prüfenden Auge der Öffentlichkeit entziehen. Im Ergebnis wird wider besseres Wissen behauptet, das Finanzsystem in Europa sei heute gesünder als im Jahr 2007, dem Beginn der Krise. Das ist es, wie wir auf den nächsten Seiten sehen werden, mitnichten.

Dieses Buch wurde auch geschrieben, um vor der kommenden Anpassungskrise zu warnen. Keiner soll sagen können, dass das alles nicht vorhersehbar war. Wie Sie auf den nächsten Seiten und in den nächsten Kapiteln dieses Buches feststellen werden, zeichnet sich nämlich durchaus in Umrissen ab, wie diese Krise aussehen wird, und dass sie unsere Gesellschaft vor einen Scheideweg stellt. Sie wird epochal sein.

Wir müssen uns dann entscheiden: Wollen wir den Weg der Planwirtschaft, der letztlich ein Weg der Knechtschaft und Sklaverei ist, bis zur bitteren Neige zu Ende gehen, indem wir die vermeintliche Rettung den Apologeten eines neuen Sozialismus in die Hände geben?

Ich wage hier und jetzt die These, dass dieser Irrweg Europa an den Rand seiner zivilisatorischen Existenz bringen wird. Ein von Unfreiheit und Sozialismus geschwächtes Europa wird sich der Angriffe totalitärer Staaten an seiner Peripherie nicht erwehren können, weder wirtschaftlich noch ideologisch-zivilisatorisch noch militärisch.

Oder wollen wir die Krise als Weckruf verstehen, um uns auf die Tugenden der Freiheit, des Fleißes, des ehrbaren Kaufmanns und patriotischen Verfassungsbürgers zu besinnen?

Dann müssen wir bereit sein, die Verführungen der sieben Todsünden gegen die Freiheit radikal über Bord zu werfen. Wir müssen die korrumpierten Eliten nach Hause schicken und den Sumpf radikal austrocknen, in dem diese im Trüben fischen.

Wir müssen die Eigenverantwortung über den Bevormundungsstaat stellen und den Sozialstaat wieder als das sehen, was er sein sollte: Ein Schutz gegen unverschuldete Not, kein Ersatz für ehrliche Arbeit und Verantwortung für das eigene Leben.

Wir müssen dem Eigentum und der Vertragsfreiheit als Herzstück der Marktwirtschaft auch dort wieder Geltung verschaffen, wo es mit dem Impuls populistisch agierender Sozialpolitiker kollidiert, deren ganzes Bestreben darin besteht, sich auf Kosten anderer für Wohltaten feiern zu lassen, die sie nicht selbst bezahlen müssen. Das gilt für den Arbeitsmarkt, wo man Mindestpreise verordnet, wie für das Mietrecht, wo man Höchstpreise verordnet. Es gilt für die öffentlich-rechtliche Medienzwangsbeglückung wie für die planwirtschaftlich durchbürokratisierte Stromversorgung.

Wir müssen der Herrschaft des Rechts in der Geldpolitik wieder zur Geltung verhelfen und nicht weiter dem verführerischen Motto folgen »Not kennt kein Gebot«. Die Geldpolitik ist auf der abschüssigen Bahn schon längst zur Staatsfinanzierung verkommen und hat für jeden, der die Augen nicht gewaltsam verschließt, das Territorium der Legalität längst verlassen. Dafür müssen wir die fehlgeschlagene und zum Schuldenmachen auf Kosten Dritter verleitende Governance der Gemeinschaftswährung gründlich reformieren oder – wenn das aufgrund der politischen Widerstände ihrer gegenwärtigen Nutznießer nicht möglich sein sollte – dieser Währung erlauben, zu implodieren und sich abzuschaffen.

Wir müssen den Staat auf seine Kernaufgaben zurückstutzen, damit er diese auch richtig ausführen kann: Recht setzen und Recht sprechen, innere und äußere Sicherheit gewährleisten (und ja: dazu gehört auch, Grenzen zu sichern), durch Bildung Chancen schaffen und dabei Talente fördern, statt der Gleichmacherei und der Indoktrination zu frönen.

Das bedeutet vor allem auch, den Staat kleiner zu machen. Eine Staatsquote von 25 Prozent reicht auch! Der Staat ist nicht besser als der Markt bei der Auswahl künftiger Gewinner. Wir brauchen keine Industriepolitik à la française, und auch Frankreich würde besser damit fahren, diese Anmaßung endlich aufzugeben.

Wir brauchen auch keine planwirtschaftliche Energiewende, die in 15 Jahren 1.000 Milliarden Euro vergeudet, dabei sogar noch den Kohlendioxidausstoß erhöht und so den Klimawandel beschleunigt, die Gefahr von Atomunfällen vergrößert (weil veraltete Atomkraftwerke an unseren Grenzen länger laufen, wenn wir unsere vom Netz nehmen), die Versorgungssicherheit mit Strom untergräbt und industrielle Arbeitsplätze aus dem Land treibt.

Wir brauchen keinen Staat, der überschuldet und handlungsunfähig ist, dabei aber gleichzeitig auf Hunderten von Milliarden von Vermögenswerten sitzt, von denen sich korrupte Oligarchen nähren. Wir müssen den bürokratischen Rentiers das Staatsvermögen wegnehmen und privatisieren, um es produktiv zu machen, Schulden abzubauen und den Sumpf der Korruption auszutrocknen, der sich von diesem Vermögen ernährt.

Wir müssen zu den Kerngeboten demokratischer Governance zurückkehren, die wir vor allem auf europäischer Ebene verlassen haben: Eine Person – eine Stimme, keine Entscheidungshoheit ohne Verantwortung und Kontrolle durch den Souverän, Transparenz der Entscheidungswege, Subsidiarität und Ausschließlichkeit der Setzung von Recht durch den Souverän statt durch nicht gewählte technokratische Gremien.

Wir müssen als Volk in existenziellen Fragen das Recht fordern, diese in direkter Demokratie zu entscheiden. Das Volk ist nicht schlechter informiert als seine Vertreter und es trifft seine Abstimmungsentscheidungen nicht auf Basis von karrieregetriebenem Opportunismus. Seine Bevormundung durch die Apologeten eines immer mehr versagenden, weil nach Karriereprinzipien organisierten und von ihnen zunehmend korrumpierten Parteienstaats ist zurückzuweisen!

Wir müssen die Erwartungshaltung an das Gemeinwesen und die *res publica* neu definieren, getreu dem Zitat John F. Kennedys: »Frage nicht, was dein Land für dich tun kann, sondern frage, was du für dein Land tun kannst.« Dies muss vor allem wieder die Haltung unserer Eliten werden. Man regiert eine Demokratie nicht, man dient ihr. Diese Haltung verträgt sich nicht mit dem Status quo des Staats als Beute.

Jeder, der den Staat und also das Gemeinwesen in Anspruch nimmt, sei es durch Transfers, Subventionen oder Gefälligkeiten, sollte in den Spiegel sehen und sich fragen: Habe ich mir das ehrlich verdient? Wer zahlt die Zeche meines Anspruchsdenkens? Die Antwort dürfte – wenn sie ehrlich ist – in aller Regel sein: Nein, das ist unverdient, und bezahlt wird es vom kleinen Mann, von den Fleißigen, die wir zu den Dummen unseres Staatswesens erklärt haben, weil sie sich bisher noch klaglos ausbeuten lassen. Aber das werden sie nicht unbegrenzt tun. Das Wetterleuchten aus Amerika ist nicht mehr zu übersehen, und es kommt auch nach Europa.

Wir müssen die Beliebigkeit der Werte beenden. Freiheit, Menschenrechte und Demokratie wurzeln in christlich-jüdisch inspirierter Tradition der Aufklärung. Wer sie will, kann nicht ihre Wurzeln negieren. Die Ideologie des 1968er-Egoismus mit der Devise »Erlaubt ist, was gefällt« hat in einem solchen Wertegerüst keinen Platz. Sie ist die Ideologie derer, die unsere Freiheit zu ihrem eigenen materiellen Vorteil auch weiterhin verzocken möchten. Wir sollten sie auf dem Müllhaufen anderer fehlgeleiteter Ideologien des 20. Jahrhunderts entsorgen.

Freiheit und Pflicht sind zwei Seiten einer Medaille. Liberalität ist nicht Libertinage.

Auch dieses Buch wird wieder polemisch sein, und ironisch. Denn wie schon die Entstehung der Krise ist auch der stümperhafte Versuch ihrer Bewältigung und die Vorbereitung der nächsten Krise nur mit einer kräftigen Prise Sarkasmus und schwarzem Humor zu ertragen.

Noch viel mehr soll es aber ein Aufruf sein, der Erosion der Freiheit Widerstand entgegenzusetzen. Der sich abzeichnende Crash ist die Chance, unsere Freiheit zu verteidigen und sie dort wieder zu gewinnen, wo wir sie schon verloren haben. Er beinhaltet aber auch die Gefahr, die Freiheit für lange Zeit ganz zu verlieren. Beide Szenarien verlangen den Einsatz der freiheitsliebenden Bürger Europas.

In einem Satz: Wir müssen umkehren.

KAPITEL 1

Wetterleuchten des Crashs

*Wenn man zehntausend Vorschriften erlässt,
zerstört man jede Achtung für das Gesetz.*

WINSTON CHURCHILL

Durch diese hohle Gasse muss er kommen.

FRIEDRICH SCHILLER (WILHELM TELL)

Frankfurt am Main, im Februar 2017.

Gestern lief ich am Gebäude der Europäischen Zentralbank vorbei auf dem Weg von meinem Büro zu einem Restaurant in der Frankfurter Innenstadt. Früher war dies die Zentrale der Notenbank, bevor es mit dem Umzug in eine milliardenschwere Zwingburg am Rande der Stadt zum Nervenzentrum eines weiteren ehrgeizigen europäischen Einigungsprojektes wurde: Die »Bankenunion«, konkret die der EZB angegliederte Aufsicht über die 126 größten Banken des Kontinents. Dort befasst man sich vornehmlich mit der Frage, ob diese als »systemrelevant« eingestuften großen Banken stabil sind. Der SSM oder »Single Supervisory Mechanism« hat die Aufgabe, den Banken in Europa endlich beizubringen, wie Banking geht.

Wenn die Banken sich mit der Geschichte der EU ein wenig besser auskennen würden, wäre ihnen vielleicht die Analogie zur Europäischen Union für Kohle und Stahl, besser bekannt unter dem Namen Montanunion, ein warnendes Menetekel gewesen. Die wurde in den 1950er-Jahren gegründet und sollte Deutschlands Schwerindustrie unter die Kontrolle der europäischen Partner stellen, damit man nicht wieder so viel Unfug macht und am Ende noch Panzer baut.

Ludwig Erhard hat dem nicht umsonst misstraut, weil er den schwefligen Geruch der Planwirtschaft witterte. Adenauer hat dem aber zugestimmt, damit Deutschland von seinen Nachbarn wieder gemocht wird. So ähnlich dachte wohl auch Angela Merkel bei der Europäischen Union für Kohle und Geld, kurz Bankenunion.

Wo die Stahlindustrie in Deutschland schließlich endete, ist ja nicht weiter erläuterungsbedürftig.

Beim Überqueren der Straße vor diesem Sakralbau der neuen planwirtschaftlichen Staatsreligion stieg mir ein süßlicher, schwerer Geruch in die Nase. Nein, es war kein Schwefel. Es war der Geruch eines in Form von Rauch verzehrten Genussmittels, dessen Legalisierung zwar allenthalben gefordert wird, welches aber in den meisten Ländern aus unterschiedlichsten Gründen nicht ohne legales Risiko zu handeln ist. Ich blickte mich um, um die Quelle dieses stechenden olfaktorischen Pfadfinderfeuers auszumachen. Aber außer dem EZB-Gebäude war da nur noch die Straße.

Das war der Moment, in dem ich mich entschied, dieses Buch zu schreiben.

Seit 25 Jahren befasse ich mich mit der Stabilität von Banken, mit ihren Risiken, ihren Krediten, ihren Prozessen, ihren Verrücktheiten, ihren Notwendigkeiten, ihrem Versagen, ihren Erfolgen, ihren Krisen. Man sieht so manches in so langer Zeit. Weil Banken von Menschen gesteuert werden, machen sie auch regelmäßig Fehler, manche klein, manche groß, manche so groß, dass sie zu großen Problemen für Wirtschaft und Gesellschaft führen können.

Wegen dieser großen Probleme hat sich der gesellschaftliche Konsens zu der Erkenntnis durchgerungen, dass es besser wäre, wenn Banken nicht zu groß sind, nicht »too big to fail«, und wenn doch, dass man sie dann genau überwachen muss. Große Banken sind ein Konzentrationsrisiko für unsere Gesellschaft. Das sehe ich ein.

Was aber, wenn eine Zentralbank Dinge macht, die zu noch viel größeren Problemen führen? Europa hat 126 große und 8.000 kleine Banken. Es hat aber im Euroraum nur eine Zentralbank. Das wurde mal als Fortschritt gefeiert. Nun ist sie »too big to fail« auf einem ganz anderen Niveau als die Banken. Wenn sie versagt, schafft sie keine Probleme, sie schafft eine Katastrophe historisch-epochalen Ausmaßes.

Aber keiner ist da, der sie kontrolliert, so wie die um ein Vielfaches kleineren Banken kontrolliert werden. Sie ist unabhängig, sie kontrolliert sich selbst. Mit dem Wort »Unabhängigkeit« wird jede Forderung nach angemessener Kontrolle abgeschmettert. Und auch jede Forderung nach bindenden Regeln. Unabhängigkeit steht heute für unkontrollierbar, nicht zur Verantwortung zu ziehen, jeder Aufsicht entzogen – »too big to control« eben.

Vorgeblich hat sich Europa nach dem Vorbild der Bundesbank eine »unabhängige« Zentralbank geschaffen, die frei von politischer Einflussnahme Geldpolitik zum Wohle aller macht. Eine Art »wohlwollender Diktator« sollte sie sein. So wie die Bundesbank. Nur größer. Das war es zumindest, was die Deutschen glauben wollten. Sie haben ihren Diktator der Geldpolitik bekommen. Aber er ist nicht wohlwollend. Jedenfalls nicht so, wie man sich das gedacht hat. Er meint es wohlwollend mit den Staatsfinanzen der reformunfähigen und reformunwilligen Länder des europäischen Südens, aber wohl kaum mit dem auf Altersarmut zusteuernden Sparer in Deutschland, Österreich oder den Niederlanden.

Dabei ist völlig klar, dass die Mehrheit der Mitglieder im Zentralbankrat eindeutig von den politischen Interessen ihrer Heimatländer geleitet wird und nicht von der Monstranz geldpolitischer Unabhängigkeit, die unser geldpolitisches Zentralkomitee vor sich herträgt. Man hat nämlich bei Gründung der EZB vergessen, dass es für eine wahrhaft unabhängige Zentralbank nicht genügt, wenn Regierungen ein Papier unterzeichnen, in welchem das einfach mal so unterstellt und angenommen wird. Man braucht dafür eine gewachsene Kultur und geldpolitische Tradition, die in den schuldensüchtigen Ländern des europäischen Südens keinerlei Wurzeln schlagen konnte.

Die Stimmrechte in diesem Gremium sind dabei völlig losgelöst von demokratischer Legitimation oder Haftung für die Folgen der getroffenen Entscheidungen. Malta, Zypern und Luxemburg haben gemeinsam dreimal so viel Stimmgewicht im Zentralbankrat wie Deutschland. Die Stimme eines zypriotischen Wählers wiegt dort so viel wie 102 Stimmen deutscher Wähler, die eines Maltesers über 200-mal so viel.

Man könnte das geldpolitische Apartheid nennen.

Um der Politik der größten zwischenstaatlichen Umverteilung von Wohlstand und Kaufkraft in der Geschichte der Menschheit ein wissenschaftliches Mäntelchen umzuhängen, bedient man sich der wirtschaftswissenschaftlichen Theorien des Spät-Keynesianismus. Das Modell geldtheoretischer Grobmotorik, das dabei zum Einsatz kommt, geht im Wesentlichen davon aus, dass die Zentralbank nur genug Geld drucken muss, dann wird die Inflation schon anspringen. Das wird die EZB natürlich niemals zugeben, dass sie so simpel denkt. Deshalb hat sie ihre kleine Dampfmaschine mit vielen Kolben, Rädchen, Ventilen und Pfeifen ausgestattet, die das alles sophistiziert und wissenschaftlich aussehen lassen sollen. Die Öffentlichkeit wird verwirrt mit einem Schwall neuer Begriffe und Abkürzungen:

»OMT – Outright Monetary Transactions«, was eigentlich nur bedeutet »vorbehaltlose geldpolitische Geschäfte«. Versuchen Sie, diesem Begriff Sinn einzuhauchen. Der Autor dieser Zeilen scheitert daran. Vielleicht meint vorbehaltlos auch einfach nur »ohne nachzudenken«.

»QE – Quantitative Easing«, frei übersetzbar mit »quantitative Lockerungsübung«. Mach dich mal locker, deutscher Sparer und Pensionär. Dein Geld ist nicht weg, das hat jetzt einfach nur jemand anderes.

»CSPP – Corporate Sector Purchase Programme«: Wir kaufen jetzt auch Unternehmensanleihen und drücken so die Fremdkapitalkosten von uns ausgewählter Unternehmen, denen wir dadurch gegenüber dem Mittelstand einen Wettbewerbsvorteil verschaffen. Das ist wohl der Beitrag der Geldpolitik zur Wettbewerbsverzerrung.

»ABSPP – Asset Backed Securities Purchase Programme«: Zur Erinnerung: Asset Backed Securities ist Englisch für Verbriefungen und stand für die Zeitbombe, mit der man die US-amerikanische Immobilienblase bzw. ihre Sprengwirkung in alle Bankensysteme der Welt installiert hatte, weil Banken keine Methoden und Instrumente hatten, das Risiko ordentlich einzuschätzen. Hat die EZB auch nicht, macht aber nichts, dafür gibt es ja die Ratingagenturen und die Golden Boys der Investmentbanken, in deren Hände sich jetzt arbeitslose Banker schon vor 2007 begeben hatten.

»CBPP3 – Covered Bond Purchase Programme 3«: Drittes Ankaufprogramm für Covered Bonds. So was Ähnliches wie ABSPP, nur mehr davon.

»PSPP – Public Sector Purchase Programme«: Weil es nicht mehr genug Staatsanleihen gibt, die wir noch kaufen können, nehmen wir jetzt auch alles andere, was der öffentliche Sektor hergibt: Kommunalanleihen mit oder ohne Gewährträgerhaftung durch den Staat, Anleihen öffentlich-rechtlicher Unternehmen, und so weiter und so fort.

»ANFA – Agreement on Net Financial Assets«: Das ist der Freibrief für die nationalen Notenbanken, die als Mitglieder im Eurosystem eigentlich auch keine monetäre Staatsfinanzierung ihrer Heimatländer betreiben dürfen, das doch zu machen. Summiert sich mittlerweile auf schlappe 560 Milliarden Euro. Sie kommen nicht darauf, in welchen Ländern die Summen am höchsten sind. Hinweis: Da sind keine Nordsee-Anrainerstaaten dabei. Was Herrn Draghi zu dieser Peinlichkeit einfiel, war immerhin der Satz: »Das ist sehr schwer zu verstehen.« Für ihn vielleicht.

Die Vielzahl der Abkürzungen erreicht genau das, was damit auch erreicht werden soll: Verwirrung der Öffentlichkeit und die Aura unangreifbarer Kompetenz.

So ähnlich läuft es auch mit den gigantischen makroökonomischen Modellen, mit denen die geldpolitischen Halbgötter die Welt nicht nur erklären, sondern selbstverständlich auch lenken.

Lassen Sie sich davon nicht blenden. Ein Modell, das die Realität nicht erklären kann, taugt nichts, egal wie kompliziert es ist. Die riesigen mathematischen Formeln haben meistens weniger den Zweck zu informieren, als den Sinn, den Zuschauer zu beeindrucken und davon abzuschrecken, Widerspruch anzumelden oder ketzerische Fragen zu stellen.

Mal abgesehen davon, dass es schon eine fragwürdige Sache ist, dass die Zentralbank unbedingt Inflation erzeugen möchte, vernachlässigt das Modell, mit dem sie die Realität erklären möchte, ganz offensichtlich alle Mechanismen der Giralgeldschöpfung, der Kreditwirtschaft, der Rolle der Banken und die Restriktionen, unter denen sie wirtschaftlich, regulatorisch und im Hinblick auf die Gebote des Risikomanagements stehen. Das Modell hat gewissermaßen die Rechnung buchstäblich ohne den Wirt gemacht.

Das ist auch keine Überraschung. Es war schon immer eine der keynesianischen Schule innewohnende Arroganz (Zitat

J. M. Keynes: »Langfristig sind wir eh alle tot«), die sie blind und taub gemacht hat für alle Folgen ihrer auf Zirkelschlüssen basierenden Logik, unrealistischen Annahmen und der daraus abgeleiteten Empfehlungen, wenn der Zeithorizont dafür länger als sechs Monate war.

Außerdem verhält es sich so, dass die Volkswirtschaftslehre es leider versäumt hat, in ihrer Wissenschaft so etwas wie »Sanity Checks« und Plausibilitätskontrollen einzuführen. Die Physik andererseits verfügt über solche Kontrollmechanismen. Beispielsweise wird eine Theorie, die gegen die Gesetze der Energieerhaltung oder der Entropie verstößt, ziemlich schnell und ohne Umschweife auf den Müllhaufen fehlerhafter Logik verklappt. Auch die Mathematik hat solche Regeln: Dividiere nicht durch Null ist zum Beispiel eine davon.

Die Wirtschaftswissenschaften aber erlauben es zum Beispiel ihrer mit öffentlichen Geldern subventionierten und daher führenden Schule seit den Tagen des »großen Keynes« zu postulieren, dass es Wohlstand schafft, wenn der Staat mit geliehenem oder frisch gedrucktem Geld arbeitende Menschen dafür bezahlt, Löcher zu graben und sie dann wieder zuzuschütten. Schütteln Sie bitte nicht so ungläubig den Kopf. Glauben Sie mir, genau das ist die Quintessenz der keynesianischen Lehre. Ich persönlich denke, dass das genauso wenig mit Wissenschaft zu tun hat wie Quacksalberei mit Medizin. Das ist eigentlich Voodoo.

Die Vertreter dieser Schule erkennen Sie in einer Talkshow daran, dass sie sich herablassend über die schwäbische Hausfrau lustig machen, frei nach der Devise: Es mag ja sein, dass Sparen und Haushalten für die schwäbische Hausfrau eine Tugend ist, aber auf der Ebene des Gemeinwesens ist das nicht so. Denn wenn alle sparen, dann geht die Nachfrage zurück, und das ist ja was Schlechtes, das schafft ja Arbeitslosigkeit, wie wir alle wissen, oder?

Dann ist es schon besser, wenn der Staat Schulden macht und sie bis zur Decke auftürmt, damit wir die unverzeihliche Sünde der viel zu großen Gruppe der sparenden schwäbischen Hausfrauen ausgleichen. Wenn die Schwäbin dann so blöd war, dem Staat das Geld zu leihen und dieser später Pleite macht, hat sie halt Pech gehabt; hätte sie es mal besser konsumiert, die geizige Schnepfe. Geschieht ihr ganz recht, dass sie jetzt Altersarmut zu erwarten hat, und ihre ganze verspießerte Sippschaft gleich mit!

Dieser beklagenswerte Zweig der wirtschaftsakademischen Sektenbildung dominiert und bestimmt das Handeln unserer Geldpolitik. Er hat aber auch seine Apologeten und Claqueure in den »wissenschaftlichen« Beiräten von Bundesregierung und EU-Kommission. Die Presse schreibt zum Ergebnis, dass die EZB mit ihrer Geldpolitik Neuland betrete, dass sie gewissermaßen ein geldpolitisches Experiment durchführe, und man wirft ihr vor, dass es eben schlecht sei zu experimentieren.

Mit diesem Vorwurf tut man der EZB aber Unrecht. Es ist nämlich nicht wahr, dass es sich um Neuland oder um ein Experiment mit ungewissem Ausgang handelt. Dieses Experiment wurde in der Vergangenheit von Zentralbanken und Staaten schon viele Dutzend Male durchgeführt, von Deutschland 1923 über Simbabwe und Argentinien bis Venezuela.

Und jedes Mal endete es mit dem gleichen, bekannten Ergebnis: dem Kollaps der Geldordnung, einem nachfolgenden Währungsschnitt, einer Vernichtung der Ersparnisse, einer

Umverteilung von unten nach oben, einer gesamtwirtschaftlichen Verwerfung, bei der nur die Reihenfolge von depressiver Deflation und Hyperinflation manchmal unklar war.

Allenfalls würde man der EZB also Gerechtigkeit widerfahren lassen, wenn man vom *größten* geldpolitischen Experiment in der Geschichte spricht, denn im Maßstab eines Wirtschaftsraumes, der so groß ist wie die Eurozone, hat das bislang in der Tat noch keiner gewagt. Das Experiment betrifft aber nicht die Frage, wie es ausgeht, sondern nur die Frage, wie umfassend die Folgeschäden für die Weltwirtschaft sind, wenn man die Geldordnung einer vormaligen wirtschaftlichen Supermacht zum Einsturz bringt, und wie schnell das passiert.

Dieser Einsturz ist unvermeidlich. Die Menschen riechen ihn bereits förmlich. Investoren flüchten in vermeintlich sichere Sachwerte wie Immobilien und Aktien, ahnend, fürchtend, aber mangels Alternativen ignorierend, dass sie dabei in eine Blase einsteigen, deren Platzen ihre Ersparnisse ebenfalls ruinieren wird. Die Strategie der Anlageberater für ihre wohlhabende Klientel besteht nicht mehr wie früher darin, sauber zu diversifizieren, gute Anlagen mit ordentlichen Renditen aufzuspüren und einen Teil des Geldes in liquiden Mitteln zu parken, um flexibel zu sein. Nein, so geht das heute nicht mehr. Stattdessen suchen alle nach einer Strategie, die ihr Vermögen für die Zeit nach dem erwarteten Crash halbwegs intakt lässt. Eine, bei der man wenigstens nicht alles verliert, sondern nur ein Drittel oder die Hälfte, bitte. Wenn so eine Einschätzung nicht mehr für Weltuntergangspropheten am Rande der Seriosität reserviert ist, sondern Mainstream, dann ist etwas faul im Staate Dänemark.

Die EZB hat sich ein Loch gegraben. Anfangs konnte man sich noch der Illusion hingeben, dass eine drohende Weltwirtschaftskrise auch eine geldpolitische Antwort braucht, die in Zinssenkungen besteht. Im Zuge der Krise der Staatsfinanzen der südlichen Euroländer hat man den Hahn dann immer weiter aufgedreht.

»Wir müssen der Politik die für Reformen notwendige Zeit kaufen« war der Standardspruch. Als ob Zeit kaufen im Mandat der EZB je erwähnt worden wäre. Mit gutem Grund war es das nicht. Im Grunde und bei genauem Hinsehen ist dieser Satz vom »Zeit-kaufen« das offene Eingeständnis, dass die EZB illegale Fiskalpolitik und Staatsfinanzierung betreibt. Denn was kann es anderes bedeuten, als dass die EZB den Finanzministern Spielräume verschaffen will, die sie sonst nicht hätten? Ja, die Sprache kann ja so verräterisch sein.

Aber die Wirtschaft Europas und die Staatsfinanzen der Krisenländer weigerten sich standhaft, auf die immer schnellere Zufuhr von Dopingmitteln mit der gewünschten Belebung zu reagieren. Ein Grund innezuhalten und nachzudenken? Nicht für die EZB. »Wir haben bisher zu wenig getan.« »Wir holen jetzt die Bazooka raus.« Die Dosis wurde erhöht. Die Zinsen gingen durch die Nulllinie. Die Staatsbank EZB stieg in großem Stil und unter offensichtlicher Verletzung ihres Mandats in die Staatsfinanzierung ein. Zwischen der Emission der Staatsanleihen und ihrem Kauf durch die EZB musste nur noch die logische Sekunde im Besitz der Zwischenhändler in den Investmentbanken liegen, schon war alles wieder vom vermeintlichen geldpolitischen Mandat gedeckt. Im Steuerrecht nennt man so etwas zu Recht Umgehungstatbestand.

Wer das nicht glaubt, wurde vom Europäischen Gerichtshof eines Besseren belehrt: Alles hat seine Ordnung, alles hat seine Richtigkeit. Grüße von einer Krähe zur anderen. Wir haben was gut bei euch, Kollegen!

Natürlich Zufall, dass der vorsitzende Richter des zuständigen Senats am höchsten EU-Gericht als Portugiese in einem Land mit schwierigen Staatsfinanzen beheimatet war. Portugal ist mit 136 Prozent seines Bruttosozialprodukts verschuldet. Das ist mehr, als Griechenland zum Zeitpunkt seines ersten Rettungspaketes und in absoluten Geldbeträgen mehr, als Griechenland heute an Schulden hat. Das macht ja besonders unabhängig in dieser kitzligen Frage. Da verliert man schnell den Überblick darüber, wer Bock ist und wer Gärtner. In einem funktionierenden Rechtssystem wäre er wegen Befangenheit vom Fall abgezogen worden. Hätte er selbst ein Sensorium für gute juristische Governance, hätte er sich freiwillig von dem Fall zurückgezogen.

Übrigens ist es überhaupt bezeichnend, dass sich die Geldpolitik neuer Prägung ständig kriegerischer Stilmittel in ihrer Sprache bedient. Da holen wir die Bazooka raus, haben unbegrenzte Feuerkraft, halten mit der dicken Berta drauf, werfen Nuklearwaffen ab, fluten die Märkte, setzen den Helikopter ein, kurz: »Whatever it takes.« Früher nannte man das totalen Krieg und Endsieg. Welche Denkart kommt hier eigentlich zum Vorschein?

Dabei wurde das Ziel erreicht, das die EZB nie als Ziel zugeben würde (außer in dem entlarvenden Satz vom Zeit-kaufen): die Entlastung der Staatsfinanzen der Länder, die im Zentralbankrat dank der undemokratischen und von der Haftung für die Folgen total entkoppelten Stimmverteilung die Mehrheit haben. Was nicht erreicht wurde, war eine Erhöhung der Inflationsrate. Was noch weniger herauskam, war ein Wachstum, das sich wenigstens ein paar Millimeter von den anämischen Wachstumsraten der letzten Jahre entfernt hätte. Aber da es genau das war, was die keynesianischen Modelle an Herrn Draghis Hof als Resultat der geldpolitischen Raserei forderten, begann sich Panik im Gebälk des Geslerturms in Frankfurts Ostend auszubreiten. »Wir haben noch nicht genug getan! Es droht eine Deflation! Wir müssen mehr tun! Wir sind mit unserem Latein noch lange nicht am Ende!«

Nun also auch Unternehmensanleihen. Der Luftballon mit dem Helikoptergeld hat ja nicht so funktioniert, wie wir das gehofft hatten. Davon haben Sie noch nicht gehört? Helikoptergeld ist ganz einfach zu erklären: Die Zentralbank druckt Geld und verschenkt es ganz einfach unter die Leute, damit die was davon kaufen und so die Nachfrage und also auch die Inflation ankurbeln. Da fragt man sich, was man sich morgens in den Tee mischen muss, um so etwas für Geldpolitik zu halten.

Die Empörung darüber war so groß, dass sich selbst die Diktatur der Druckerpresse erst mal nicht getraut hat, auf diesem Weg weiterzugehen. Außerdem verdient daran keiner der Clubs, in denen die Chefs der EZB als Alumni Ansehen und Entertainment genießen dürfen. Es wäre übrigens mal eine lohnende Analyse, welche Investmentbanken und Wertpapierhändler sich an dem Kaufprogramm der EZB so rammdösig verdienen, dass ihnen das frisch gedruckte Geld zu den Ohren herauskommt.

Das heißt aber keineswegs, dass man nicht noch auf das Helikoptergeld zurückgreifen wird, wenn die Verzweiflung in den Kataklysmen der kommenden Krise groß genug sein wird. Kaufen wir also die nächste Klasse von Wertpapieren auf, bis der Markt leergefegt ist. Nebenwirkungen? Was denn für Nebenwirkungen?

Ja, und so sitzen wir in unserem Loch und graben immer weiter. Die Nebenwirkungen sind aber da. Sie werden dabei immer größer, immer unberechenbarer, und immer weniger passen die Ergebnisse zu den genialen keynesianischen Modellen in der Waschküche unseres Glaspalastes.

Diese Nebenwirkungen sind aber gar keine Nebenwirkungen. Diese Nebenwirkungen sind die eigentlichen Wirkungen. Wie man in der Informationstechnologie sagt: »It's not a bug, it's a feature!« (»Es ist gar keine Fehlfunktion, es ist ein Leistungsmerkmal!«)

Das erwartete Ergebnis wird nicht kommen. Jedenfalls nicht die herbeigesehnte Inflation »nahe aber unter 2 Prozent«. Das passiert höchstens mal zwischendurch, wenn die Fluktuationen von Ölpreis oder Gemüseernte Blips in der Statistik erzeugen. Der jüngste Anstieg des Konsumentenpreisindex auf 2 Prozent sagt dabei leider überhaupt nichts aus. Er ist ebenso wie die vermeintliche Rate von −0,2 Prozent vor zwei Jahren eine statistische Fluktuation, für die vor allem die Ölpreisschwankungen verantwortlich sind. Die entscheidende Größe der »Kerninflation« bewegt sich seit zwei Jahren nicht einen Millimeter von der Stelle und liegt konstant knapp unter einem Prozent.

Was sich änderte, war lediglich die Argumentation der EZB: Die −0,2 Prozent wurden der Öffentlichkeit als Deflationsgefahr verkauft, während die 2 Prozent »nicht nachhaltig« sind. Deshalb sind weitere Anleihekäufe notwendig. Also noch mal: Ist der Konsumentenpreisindex CPI »zu niedrig«, dann ist er relevant, ist er höher, ist er es plötzlich nicht mehr. Die wirklich relevante Zahl der Kerninflationsrate interessiert uns nicht. So biegt man sich die Fakten zurecht, um zu tun, was man ohnehin tun wollte.

Die herbeigesehnte Umverteilung vom deutschen Sparer zum italienischen Finanzminister aber, die kommt bzw. ist schon lange da. Die Gebühreneinnahmen für die Wertpapierhändler, die der EZB die Berge von Papier in die Keller schaufeln, die kommen auch. Aber die Inflation kommt nicht.

Warum nicht?

Weil die EZB das Kernstück der Geldtheorie in einer Welt des Fiat-Money und der Kreditvergabe durch Banken ganz offensichtlich nicht verstanden hat. Dafür müsste sie sich ja mit den inneren Zusammenhängen von Banken, Märkten, Risiken, Anreizen und Steuerungsstellgrößen der Kreditwirtschaft auseinandersetzen. Dafür ist in ihrem keynesianisch inspirierten Dampfpfeifenmodell anscheinend kein Platz.

Was für eine Ironie! Die Raserei der Druckerpresse des Herrn Draghi lässt nämlich die Erträge der Banken kollabieren und sorgt zugleich dafür, dass sich in ihren Büchern unvorstellbare neue Risiken auftürmen, die wie ein Krokodil unter der Wasseroberfläche eines stillen afrikanischen Tümpels lauern. Darauf und wie das genau passiert, wird später in diesem Buch noch einzugehen sein. An diesem morastigen, krokodilverseuchten Gewässer lässt der Bademeister EZB-Schilder aufstellen, die in Form von negativen Zinsen Geldstrafen für jeden androhen, der nicht sofort darin baden möchte.

Die Folgen sind vorhersehbar. Sie sind auch messbar. Sie führen dazu, dass die Risikotragfähigkeit des gesamten Bankensystems untergraben wird und ins Wanken gerät. Dies bleibt nicht ohne Konsequenzen: Keine Risikotragfähigkeit heißt nämlich, dass auch keine Kredite mehr fließen können, jedenfalls wenn diese Sache erst mal in ihrer ganzen Tragweite ihren Weg in die Bilanzen der Kreditinstitute Europas gefunden hat.

Kredite sind aber nichts anderes als Giralgeld. Die gesamte Geldmenge besteht aus dem Zentralbankgeld, welches die EZB schafft, und dem Giralgeld, welches die Banken in Form von Krediten schaffen, indem sie die Ersparnisse in einen Kreislauf von Krediten und daraus entstehenden neuen Ersparnissen schleusen. 90 Prozent der gesamten Geldmenge sind Giralgeld, nur 10 Prozent sind Zentralbankgeld. Die Summe beider Geldmengen steuert die Inflation auf mittlere Sicht.

Diese Beschädigung des Bankensystems ist bereits in vollem Gange. Verborgen wird dies vor den Augen der Öffentlichkeit durch allerlei Tricks, auf die später in diesem Buch ebenfalls noch einzugehen sein wird. Aber Moment! Haben wir dafür nicht die tolle europäische Bankenaufsicht, die den Instituten doch erst vor kurzem kraftstrotzende Gesundheit, erstklassige Kapitalausstattung und die Fitness eines anabolikaverseuchten Zehnkämpfers bescheinigt hat? Ja, das hat sie. Man nannte das Stresstest. Wenn Sie eine Ahnung davon bekommen wollen, auf welchem methodischen und wissenschaftlichen Niveau sich dieser »Test« abgespielt hat, dann müssen Sie sich nur ein paar wenige Fragen stellen:

Wie konnte es zum Beispiel sein, dass die vier griechischen Banken mit einer Kreditsumme von knapp 210 Milliarden Euro und notleidenden Krediten von 110 Milliarden Euro diesen Test bestanden haben? Bei einem Eigenkapital von insgesamt 26 Milliarden Euro, wovon 17 Milliarden Euro Steuergutschriften des – wie wir wissen – mit höchster Kreditwürdigkeit ausgestatteten griechischen Staates waren?

Wie kann es sein, dass die größte Bank eines EU-Landes ein Eigenkapital von 70 Milliarden Euro ausweist, aber an der Börse nur rund 20 Milliarden Euro wert ist? Glaubt irgendjemand im Ernst, er könnte 50 Milliarden Euro verdienen, wenn er diese Bank für 20 Milliarden kauft und dann einfach dicht macht und das Eigenkapital rausnimmt? Oder kann es sein, dass von diesem Geld nach Meinung der Märkte schon ganz viel für Risiken und antizipierte Verluste draufgegangen ist, es aber nur nicht in der Bilanz oder im Stresstest der Damen und Herren von der allmächtigen, allwissenden europäischen Aufsicht steht? Und warum sieht das bei fast jeder großen Bank in Europa, die börsennotiert ist, ähnlich aus?

Warum ist eine italienische Bank mit 18 Milliarden Euro an der Börse in Mailand weniger wert als das Eigenkapital ihrer kleineren deutschen Tochter, das über 20 Milliarden Euro liegt?

Warum schreibt die Presse zweieinhalb Jahre nach dem Ende des Stresstests, der für alle Banken Europas in Summe nur eine Kapitallücke von 10 Milliarden Euro ausgewiesen hat, über die Hunderte von Milliarden fauler Kredite in den Büchern italienischer Banken, die man damals offensichtlich übersehen haben muss oder übersehen wollte? Dies sind übrigens die Banken, die der italienische Staat unter offener Verletzung der gerade erst vereinbarten Regeln für die Sanierung und Abwicklung von Banken mit Staatsgeld herauspaukt. Wo kommen plötzlich die riesigen Mengen an faulen Krediten im portugiesischen Bankensystem her? Warum schreibt der IWF, dass es 900 Milliarden US-Dollar schlechte Kredite in Europa gebe? Und warum wird diese Marke wenige Tage später von den Wirtschaftsprüfern der KPMG auf 1.300 Milliarden US-Dollar hochgeschraubt, eine Zahl, die der beklagenswert desorientierte Präsident der European Banking Authority EBA,

Herr Enria, Ende Februar 2017 bestätigte und die sein eigener Stresstest leugnete?

Warum fordert der gleiche Mann, nachdem er in einem zweiseitigen Interview mit dem Handelsblatt die Zahl von 1.000 Milliarden Euro faulen Krediten zugegeben hat (was dem von ihm zu vertretenden Stresstestergebnis ein klein wenig – so um das Hundertfache – widerspricht) den Aufbau einer europäischen Bad Bank mit der Begründung, die Banken könnten sich dieser faulen Kredite sonst nicht ohne große Buchverluste entledigen? Und warum sagt er das, ganz ohne rot zu werden, wo es doch zeigt, dass diese Verluste ebenso offensichtlich nicht korrekt bilanziert sein können und seine Behörde unter anderem für die Einhaltung korrekter Buchführung der Banken Verantwortung trägt? Und sollten wir angesichts dieser Fragen diesem Mann Glauben schenken, wenn er darauf beharrt, dass die von ihm geforderte europäische Bad Bank kein neues Vehikel der Schuldensozialisierung und damit Überwälzung auf Deutschland und Holland sein werde?

Vergessen Sie den Stresstest. Oder besser: Vergessen Sie ihn nicht! Wir kommen noch auf ihn zurück.

Während der Führer der geldpolitischen Kriegsmaschine die Schleusen des Zentralbankgeldes immer weiter öffnet, verstopft er gleichzeitig die Schleusen der Giralgeldschöpfung und konterkariert so die eigene Politik. Damit schafft er Deflation, nicht Inflation. Nebenbei ruiniert er das Bankensystem so gründlich, dass es in absehbarer naher Zukunft kollabieren wird. Und zwar nicht die eine oder andere Bank, sondern ein großer Teil aller Banken gleichzeitig. Die Banken, die es nicht in der ersten Welle erwischt, werden von den anderen dann mitgerissen. Kein Staat hat genug Geld, um das Bankensystem dann noch zu retten.

Dieser Crash wird kommen, wenn das Ruder nicht sehr schnell herumgerissen wird, und zwar bald.

Ich nenne ihn den Draghi-Crash.

KAPITEL 2

Die Planwirtschaft des Geldes

*Wir nähern uns mit großer Geschwindigkeit der
endgültigen Umkehrung [aller Werte]: Die Phase, in der
die Regierung alles tun kann, was sie will, wohingegen
die Bürger für alles eine Erlaubnis brauchen. Dies
kennzeichnet die dunkelsten Zeiten in der menschlichen
Geschichte, die Phase der Herrschaft durch rohe Gewalt.*

AYN RAND

*Der Glaube der mittelalterlichen Alchemisten, aus Blei
Gold machen zu können, war eine Manifestation der
nüchternen Vernunft im Vergleich zu dem neuzeitlichen
Wahn, aus Papier Geld machen zu können.*

ROLAND BAADER, FREIHEITSFUNKEN

Wenn Sie auf der Straße die Menschen fragen, in was für einem Wirtschaftssystem wir in Deutschland bzw. in Europa leben, bekommen Sie üblicherweise die Antwort: »In einer sozialen Marktwirtschaft.«

Treffen Sie zufällig auf eine sehr weit links stehende Person, lautet die Antwort vielleicht auch mal »in einer kapitalistischen Ausbeuterwirtschaft«, treffen Sie einen eher wirtschaftsliberal gesinnten Menschen, folgt vielleicht noch der Hinweis, dass wir es mit der sozialen Komponente ein wenig übertreiben. Aber es herrscht Einigkeit, dass wir in irgendeiner Art Marktwirtschaft leben und arbeiten, in der Märkte über die Gesetze von Angebot und Nachfrage bestimmen, wo es lang geht.

Es wird eher selten vorkommen, dass ihnen jemand sagt: »Wir leben in einer Planwirtschaft.« Und wenn doch, werden Sie vielleicht denken »Was ist denn das für ein schräger Vogel? Weiß der nicht, dass die Planwirtschaft seit dem Untergang der Sowjetunion nicht mehr existiert, außer vielleicht in so einem Reservat wie Nordkorea? Sie hat nicht funktioniert, das weiß doch jeder. O. k., unsere Marktwirtschaft ist sicher nicht perfekt, aber Plan? Plan, wie die sowjetische Superbehörde GosPlan?«

Um das nachzuvollziehen, ist es nützlich, sich ein paar Gedanken darüber zu machen, was Marktwirtschaft überhaupt bedeutet, warum Geld und Zins in ihr so eine überragende Bedeutung haben und weshalb aus diesen Zusammenhängen folgt, dass eine Marktwirtschaft nicht funktionieren kann, wenn die Leitung einer Zentralbank, die das Geld und seinen Preis monopolisiert, diesen bewusst verzerrt, um unzulässige Ziele jenseits der Geldpolitik zu verfolgen. Wir müssen verstehen, was passiert, wenn die Zentralbank vom rechten Weg abkommt.

Geld ist eine der bemerkenswertesten Erfindungen der Menschheit. Es ist wahrscheinlich nicht übertrieben zu behaupten, dass wir mit hoher Wahrscheinlichkeit noch als Jäger und Sammler die Wälder und Steppen des Planeten auf der Suche nach Mammuts und Wurzeln durchstreifen würden, wenn es diese Innovation nicht gegeben hätte. Der tiefere Grund dafür liegt darin, dass die Produktion von immer mehr Gütern einen immer höheren Grad an Spezialisierung voraussetzt, der wiederum durch die Notwendigkeit bedingt ist, dass der Prozess der Herstellung nur dann effizienter werden kann, wenn mehr Wissen zum Einsatz kommt. Wissen in diesem Sinne umschließt auch handwerkliches Geschick bei der Erzeugung eines bestimmten Gutes, Produktes oder auch halbfertigen Produktes. Adam Smith hat das in seinem Buch »The Wealth of Nations« am Beispiel der Herstellung von Nadeln bereits im 19. Jahrhundert eindrucksvoll beschrieben. Er schrieb:

»Ein Arbeiter, der noch niemals Stecknadeln gemacht hat und auch nicht dazu angelernt ist, sodass er auch mit den dazu eingesetzten Maschinen nicht vertraut ist, könnte, selbst wenn er fleißig ist, täglich höchstens eine, sicherlich aber keine zwanzig Nadeln herstellen.

Aber so, wie die Herstellung von Stecknadeln heute betrieben wird, zerfällt sie in eine Reihe getrennter Arbeitsgänge, die zumeist zur fachlichen Spezialisierung geführt haben. Der eine Arbeiter zieht den Draht, der andere streckt ihn, ein dritter schneidet ihn, ein vierter spitzt ihn zu, ein fünfter schleift das obere Ende, damit der Kopf gesetzt werden kann. Auch die Herstellung des Kopfes erfordert zwei oder drei getrennte Arbeitsgänge. Das Ansetzen des Kopfes ist eine eigene Tätigkeit, ebenso das Weißglühen der Nadel, ja selbst das Verpacken der Nadeln ist eine Arbeit für sich. Um eine Stecknadel anzufertigen, sind somit etwa 18 verschiedene Arbeitsgänge notwendig, die in eini-

gen Fabriken jeweils verschiedene Arbeiter besorgen, während in anderen ein einzelner zwei oder drei davon ausführt.

Ich selbst habe eine kleine Manufaktur dieser Art gesehen, in der nur zehn Leute beschäftigt waren, sodass einige von ihnen zwei oder drei solcher Arbeiten übernehmen mussten. Obwohl sie nun sehr arm und nur recht und schlecht mit dem benötigten Werkzeug ausgerüstet waren, konnten sie zusammen am Tage doch etwa 12 Pfund Stecknadeln fertigen ..., etwa 48.000 Nadeln.

Hätten sie indes alle einzeln und unabhängig voneinander gearbeitet, noch dazu ohne besondere Ausbildung, so hätte der Einzelne gewiss nicht einmal 20, vielleicht sogar keine einzige Nadel am Tag zustande gebracht«.

So weit Adam Smith. Niemand hat das Funktionieren der Arbeitsteilung seitdem besser erklärt.

In der Zeit der Jäger und Sammler musste jeder alles können, was für sein Überleben notwendig war: Tiere jagen, Beeren sammeln, Obsidianstein und Knochen oder Elfenbein zu Werkzeugen und Pfeilspitzen verarbeiten, Tierhaut zu Kleidung machen. Man bekommt leicht eine Vorstellung davon, warum man keine Porsches bauen wird, wenn man an sieben Wochentagen mehr oder weniger rund um die Uhr mit diesen Dingen beschäftigt ist, damit man seine paar Kalorien zum Überleben für sich und seine Sippe zusammenbekommt, und gelegentlich vor einem Säbelzahntiger davonläuft. Letzteres erklärt immerhin, warum der Mensch evolutionär bedingt gerne schnell sein möchte und dann irgendwann doch Porsches baut, obwohl die Tiger lange weg sind. Denken Sie vielleicht daran, wenn Sie das nächste Mal auf der A3 überholt werden.

Mit der Morgendämmerung der Zivilisation und der agrarischen Revolution begann ein erster Schub von Produktivitätssteigerung, der durch Arbeitsteilung – sprich: Spezialisierung – ausgelöst wurde. Einige Menschen verlegten sich auf das Töpfern, andere auf die Herstellung von Steinwerkzeug und später Bronze, wieder andere auf die Herstellung von Schuhen oder den Ackerbau.

Durch die Arbeitsteilung konnte von allem ein wenig mehr hergestellt werden. Allerdings erforderte dies auch den Beginn einer Tauschwirtschaft, und weil sich nicht immer jemand findet, der mir gerade dann, wenn ich das bräuchte, für meinen tollen Frauenschmuck aus Krähenfüßen einen Steinhammer liefert, war die anfängliche Methode des Tausches von Gütern gegen Güter nur eine historisch gesehen kurze Übergangsphase.

Es ist allerdings bezeichnend, dass der direkte Tausch von Gütern mangels Devisen eines der hervorstechendsten Merkmale der planwirtschaftlich organisierten kommunistischen Staaten des untergegangenen Ostblocks war. Ein ganz bemerkenswerter zivilisatorischer Rückschritt, dem man mit dem Begriff »Barter-Trading« auch noch das Mäntelchen des Neuen umzuhängen versucht hat.

Um den Tausch zwischen unterschiedlichen Gütern und auch zu unterschiedlichen Zeiten je nach Bedarf effizienter zu gestalten, war ein Tauschmedium erforderlich: Das Geld war erfunden. In Form von Muscheln, Laubblättern (ach nein, das war die Methode zur Finanzierung von Wohlstand auf dem Inflationsplaneten des Romans »Per Anhalter durch die Galaxis«) und später Edelmetallen, vor allem Gold, Silber und Kupfer, obwohl Letzteres kein wirkliches Edelmetall ist, weil es eine Neigung zur Verbindung mit Sauerstoff hat. Dennoch war es wertvoll und selten, was es auch für die Verwendung als Geld qualifizierte.

Mit der Erfindung des Geldes war es vor allem nicht mehr nötig, Tauschverhältnisse für unzählige Güter untereinander festzulegen. Also eine Kuh ist gleich 1.000 Hühner ist gleich 10 Schweine ist gleich 5 Tonnen Weizen ist gleich 20.000 Eier ist gleich 500 Pfeilspitzen ist gleich 10 Steinäxte. Sie sehen schon, worauf das hinausläuft. Jede kleine Preisänderung wird das relative Verhältnis total durcheinanderwirbeln. Kein Mensch kann sich das merken. Also wenn sich der Preis von 10 Steinäxten auf 19.500 Eier ermäßigt, was bedeutet das für alle anderen Produkt-»Wechselkurse«? Sie sehen, ein einheitlicher Maßstab »Apples to Apples« wie der Angelsachse sagt, hat seine Vorteile.

Normiere ich dagegen alle Preise auf ein einheitliches Gut, zum Beispiel Gold oder Silber, so kann ich mir das Umrechnungsproblem stark vereinfachen.

Damit Geld die für diese Funktion notwendigen Dinge kann, muss es ein paar Eigenschaften aufweisen: Es muss haltbar, also nicht verderblich sein. Nur so kann es als Wertaufbewahrungsmittel dienen (Aufgemerkt, Draghi: Ein Negativzins und auch Inflation sind so etwas wie Verderb, daher sind Äpfel auch kein Zahlungsmittel!).

Es muss teilbar sein, nur so kann es für den Erwerb und Verkauf von unterschiedlichen Güterklassen friktionsfrei eingesetzt werden.

Es muss klein und leicht transportabel sein, nur so kann es an unterschiedlichen Orten eingesetzt werden und den Handel mit Gütern über weite Entfernungen unterstützen (Aufgemerkt, Draghi: Sie sollen nicht den 500-Euro Schein unter fadenscheinigen Begründungen abschaffen und so die distanzüberwindende Kraft des Bargeldes mindern).

Es muss wertbeständig sein und daher in seiner Menge begrenzt und selten: Nur so kann es die Menschen überzeugen, dass sein Besitz nicht beliebig vermehrbar ist und es sich daher lohnt, das Geld als Zahlungsmittel für die mühevoll selbst produzierten Güter anzunehmen (Schon wieder Sie, Draghi: Geld einfach in großer Menge unters Volk zu bringen kann diesen Konsens sehr schnell untergraben!).

Man kann sagen, dass das Geld so etwas wie das erste Internet der Menschheit war: Wo wir früher auf einem dünn besiedelten Planeten ziellos herumvagabundieren mussten, um für unseren Ochsen jemanden zu finden, der uns 2 Schweine, 4 Steinäxte und 150 Pfeilspitzen gibt und aus Nettigkeit noch 2.000 Eier drauflegt, können wir jetzt in Babylon den Ochsen verkaufen, nach Ur weiterziehen, um Steinäxte und Pfeilspitzen einzukaufen und beim Weiterzug einen Abstecher nach Sumer machen, um die Eier abzuholen. Gold und Silber begleiteten uns auf dem Weg. Es war das Medium, auf dem wir herumsurfen konnten wie heutzutage im Internet. Alles ein wenig langsamer, zugegeben. Aber unendlich viel schneller als vor der Einführung des Geldes.

Auf Grundlage der so ermöglichten Arbeitsteilung erblühten die ersten Zivilisationen der Menschheit, deren Leistungen uns auch noch einige tausend Jahre später in Erstaunen versetzen. Nicht auszudenken, wie mickrig die Ruinen von Babylon und Ägypten ausgefallen wären, wenn es damals schon keynesianisch inspirierte Geldpolitik gegeben hätte.

Es dauerte natürlich nicht lange, bis unsere axtschwingenden Vorfahren herausfanden, dass Geld also so etwas wie gefrorene Güter ist. Man konnte es jederzeit auftauen, um die darin konservierten Güter zu konsumieren. Und von da aus war es nur ein winziger Schritt zur Erfindung des Kredits. Der Kredit ermöglicht es, die Erfüllung von Bedürfnissen in der Zeit hin und her zu schieben, und zwar sowohl für den Kreditgeber (nach hinten), als auch für den Kreditnehmer (nach vorne). Damit wird Geld zu einem Produkt, und wie jedes Produkt hat auch dieses Gut einen Preis, in diesem Fall den Leihpreis. Dieser Leihpreis des Geldes heißt Zins.

Der Zins wiederum ist nicht nur irgendein Preis, denn er verknüpft wie ein zentraler Knotenpunkt unser neues »Tauschmittelinternet« auf sehr spezielle Weise. Als Preis des Geldes, das wiederum die Messlatte aller relativen Güterpreise zueinander ist, und zugleich als Preis der zeitlichen Präferenzen, nach denen wir unser Leben und unsere Lebensplanung ordnen, kommt ihm eine überragende Bedeutung zu. In ihm gerinnt die Summe aller menschlichen Präferenzen, aller individuellen Wünsche, Pläne, des menschlichen Könnens, der Spezialisierung in der Herstellung von Gütern und damit der technische Fortschritt zu einer einzigen Zahl. Der Zins ist damit die zentrale Information, der Nagel, den wir in die Wand schlagen können, um alle unsere Koordinatensysteme und Entscheidungsgrundlagen daran zu bemessen.

Um zu verstehen, warum das so wichtig ist, müssen wir uns mit dem Konzept der Knappheit auseinandersetzen. Die Knappheit ist ein ganz zentrales wirtschaftliches Konzept, das nicht umsonst von den Adepten des Keynesianismus mehr oder weniger komplett vernachlässigt, ja in gewisser Weise sogar geleugnet wird. Knappheit ist nicht etwas Absolutes, sondern im wirtschaftlichen Sinne immer etwas Relatives. Relativ deshalb, weil wirtschaftliche Knappheit sich immer aus dem Bezug zwischen verschiedenen Gütern ergibt. Was bedeutet das? Wenn unsere Vorfahren auf dem Markt von Ur Hühner gegen Steinpfeilspitzen eintauschen wollten, dann hing der Preis beider Güter davon ab, wie viel davon vorhanden war. Gab es in ganz Ur nur 20 Hühner, aber 150.000 Pfeilspitzen, so war das Tauschverhältnis von Hühnern zu Pfeilspitzen wahrscheinlich ein anderes, als wenn 10.000 Hühner auf 500 Pfeilspitzen getroffen wären. Im ersten Fall sind Hühner relativ zu Pfeilspitzen knapp, im zweiten sind die Pfeilspitzen das relativ knappere Gut. Das wird sich dann im Preis widerspiegeln, zu dem Angebot und Nachfrage nach beiden Gütern ins Gleichgewicht kommen. Die relativen Knappheiten bestimmen den Preis. Ganz einfach, sollte man meinen.

Der Preis, der die Knappheiten aller Güter in Bezug zueinander setzt, wird in der Geldwirtschaft durch Geldeinheiten, also zum Beispiel in Gramm Gold, Deutsche Mark, Dollar oder Euro ausgedrückt. Er ermöglicht aber nicht nur, dass der Handel bestehender Gütermengen untereinander funktioniert. Er verschafft den Beteiligten vielmehr darüber hinaus eine entscheidende Information bzw. Antwort auf die folgende Frage: Welches Gut muss ich mit meinen begrenzten Mitteln produzieren, damit ich von allen anderen Gütern, die ich brauche, am meisten bekomme? Wenn Pfeilspitzen nach einem kleinen Krieg im Zweistromland knapp geworden sind und deshalb ihr Preis gestiegen ist, so ist ihre Produktion lukrativ. Es werden sich dann mehr Leute finden, die sich darauf verlegen, sie zu produzieren. Wenn das für Getreide gilt, dann werden mehr Arbeit und Ressourcen in den Ackerbau fließen, und so weiter.

Damit das funktionieren kann, darf die Information des Preises nicht durch äußere Einflüsse, vor allem nicht durch politische Aktionen, verzerrt werden. Wird zum Beispiel Weizen
knapp und führt der kluge und weise Herrscher (ein wahrer
Vorgänger Draghis) deshalb eine Preisobergrenze für Brot ein,
damit Brot für alle seine Untertanen und Schergen erschwing-
lich bleibt, so wird der sich ergebende niedrigere Preis allen
Beteiligten vorgaukeln, dass Weizen gar nicht knapp ist. Sonst
wäre er ja schließlich nicht so billig! Also werden weniger Arbeit und Ressourcen in seine Produktion fließen, weil man
sich damit nicht besser stellt. Stattdessen werden andere, in
Wahrheit weniger knappe und damit weniger notwendige Güter produziert werden, zum Beispiel Peitschen für die Schergen, um den Pöbel im Zaum zu halten und zu knechten.

Im nächsten Jahr wird deshalb der Weizen noch knapper
werden. Das Problem unseres weisen Herrschers hat sich
vergrößert und nicht verkleinert. Und so geht das immer
weiter. Die vom rechten Weg der freien Preisbildung abge-
kommene Gesellschaft gräbt sich so langsam ein Loch und
weil es schon bald so tief ist, dass sie nicht mehr herausklet-
tern kann, buddelt sie immer weiter. Wie, das kommt ihnen
bekannt vor? Ganz genau. Das ist die frühe Version unserer
aktuellen Geldpolitik. Offenbar hat die Staatsgewalt seit je-
nen Tagen herzlich wenig dazugelernt. Die Geschichte endet
aber nicht an dieser Stelle, sie geht weiter, und das tut sie bis
zur bitteren Neige.

Die Folge der fürsorglichen Preisvorschriften unseres göttli-
chen Herrschers ist natürlich, dass Jahr für Jahr der Weizen
und damit das Brot knapper wird. Bald bildet sich ein Schwarz-
markt heraus, auf dem sich vor allem die Schergen des Re-
gimes bedienen und bereichern, alle anderen dürfen Schlange

stehen und hoffen, am Tresen der königlichen Gnade anzukommen, bevor der letzte Laib Brot für heute weg ist.

Der einstmals Freie ist jetzt ein Untertan. Seine Fähigkeit, Brot mit dem Einkommen aus seiner Hände (und seines Verstandes) Arbeit zu kaufen, wurde ersetzt durch einen Gnadenerweis der Despoten: »Stell dich brav in die Schlange und ich, Herrscher über dich, erweise dir die Gnade der Brotzuteilung!« So funktioniert der Weg in die Knechtschaft. Es ist also kein Zufall, dass der Sozialismus, der wie keine andere Ideologie im Namen einer vermeintlichen Gerechtigkeit der Planung und Zuteilung frönt, immer und überall zu einer Despotie übelster Sorte führt.

Das Schlangestehen ist die natürliche Konsequenz des Umstands, dass irgendein Schlaubi-Schlumpf mit Macht (in der Regel sind das Schergen mit Waffen) der Meinung ist, die freie Bildung von Preisen aus Angebot und Nachfrage habe nicht zum gewünschten Ergebnis geführt und er müsse deshalb den Apparat seiner Macht (besser bekannt als Bürokratie) in Gang setzen, um der vermeintlichen Gerechtigkeit oder – und das ist wohl meistens eher der Fall – seinem verborgenen Eigennutz und Kontrollwahn Genüge zu tun.

Die Mehrheit seiner Untertanen, denen die inneren Zusammenhänge des Spiels nicht vertraut sind, applaudiert ihm zunächst. Seine Popularität steigt, weil Brot jetzt erst mal billiger ist, als es das sonst wäre. Das erfreut den Plebejer.

An dieser Stelle lohnt es sich, die wahren Populisten bloßzustellen. Die wahren Populisten sind diejenigen, die unter dem Deckmäntelchen vermeintlicher Gerechtigkeit der Gesellschaft die Informationen wegnehmen, die sie braucht, damit die wirklichen Knappheiten beseitigt werden und nicht nur der Anschein erweckt wird, als würde das geschehen. Das tun sie in der Regel durch Preisvorschriften. Heute heißen die Mietpreisbremse, Mindestlohn oder Nullzins.

In diesem Sinne unterliegen die politischen Eliten von Hammurabi bis heute der Versuchung des Populismus. Allerdings tut man Herrn Hammurabi wahrscheinlich schlimmes Unrecht, wenn man ihn mit unserer Elite vergleicht. So viel Schaden konnte ein einzelner Mann damals gar nicht anrichten wie heute.

Nun ist es aber leider so, dass, wer in einer Schlange auf seine gnädig gewährte Brotzuteilung warten darf, nichts produzieren kann. Sein einziger Beitrag zum Bruttosozialprodukt ist Wartezeit. Es gehört zu den erstaunlichsten Verirrungen menschlicher Wahrnehmung, dass die Leute es dann auch noch für gerecht und damit richtig halten, dass derjenige, der in der Schlange geduldig ausgeharrt hat, auch in Form des Brotkonsums belohnt werden soll und nicht notwendigerweise der, der sich auf dem Acker den Buckel krumm gearbeitet hat, um den Weizen zu produzieren, und dafür dann den staatlich verordneten Niedrigpreis bekommt, also um den wahren Lohn seiner Arbeit betrogen wird.

Da also eine immer größere werdende Menge an Leuten ihr Leben in der Schlange verbringt, steigt die Produktion von Wartezeit ins Unermessliche, aber die Produktion von Weizen folgt einer erst sanft und dann immer steiler fallenden Kurve. Das gilt auch für alle anderen Güter, weil alle Leute sich zum Warten in der Schlange verabredet haben. Man könnte sagen: Der Weizen wird im Verhältnis zur Wartezeit immer knapper und deshalb wird die Schlange länger und man muss länger warten, bis man drankommt. Der Markt hat sich so seine Macht auf eine zynisch bestrafende Weise zurückgeholt. Die Währung Wartezeit wird zum Opfer einer ganz eigenen Form der Inflation.

Sie sehen wahrscheinlich schon, wo diese Logik hinführt. Unsere Gesellschaft staatlich verordneter »Gerechtigkeit« hat schon zwei von drei Stufen auf dem Weg von Freiheit und Wohlstand in die Barbarei zurückgelegt. Erst der freie Tauschhandel, dann die bürokratische Zuteilung, schließlich die Schlange als Zuteilungsinstrument.

Irgendwann reicht es aber nicht mal mehr für Hungerrationen für alle. Man kann das in Venezuela ganz wunderbar und lehrbuchmäßig in diesen Tagen beobachten. Nur dass es sich dort nicht auf Weizen beschränkt, sondern der ökonomische Analphabet namens Presidente Maduro das für alle Güter menschlichen Bedarfs durchgezogen hat.

Jetzt, wo das einst reichste Land Südamerikas mit den größten Ölreserven der Welt allmählich in den Bürgerkrieg abgleitet, weil es total verarmt ist, fabuliert »El Presidente« von ausländischen Verschwörungen. Schade, dass sich die Menschen dort nicht vom dummen Geschwafel und auch nicht von der Machtgier ihres doch so weisen Herrschers ernähren können. Davon gibt es reichlich. Beides sind relativ gesehen keine sehr knappen Güter. Genug Geld, um seine Schergen mit Knüppeln und Knarren auszustatten, hat er aber noch. Damit hebelt er jetzt die letzten Reste der verfassungsmäßigen Ordnung und Demokratie aus.

Erreicht also die Produktion eine untere Schwelle, bei der das Schlangestehen keine überlebensfähige Strategie mehr für die

Menschen darstellt, so kommt es zu guter Letzt zur Gewalt. Gewalt ist die vierte Variante der Zuteilung von Ressourcen, die logisch und zwingend folgt, wenn der Staat glaubt, es besser zu wissen als der sich aus freiem Tausch von Gütern und Geld ergebende Markt. Man kann die Vorstufe dieser Eskalation in der Regel daran erkennen, dass die relative Knappheit von Waffen steigt und damit auch ihr Preis.

Dann kommt der reinigende Moment, in dem die Revolution der vermeintlich Gerechten ihre Kinder frisst, gewissermaßen das Fegefeuer und Reinigungsritual als Strafe für die Dummheit der Anmaßung von Wissen.

Wenn man es genau nimmt, ist der Übergang zur Gewalt nur die Offenlegung dessen, was mit der verordneten Preissenkung für Weizen schon lange der eigentliche Motor der Brotverteilung ist. Die Preisvorschrift nimmt dem einen etwas weg und gibt es einem anderen. Das geht auch nicht ohne Gewalt. Sie wird nur nicht offen ausgeübt, sondern durch Gesetze, Schergen und Bürokratie. Es ist eine strukturelle Form der Gewalt. Erstaunlich ist es dabei, dass die Menschen diese Staats-»Gewalt« lange Zeit für legitim halten, obwohl sie – wenn sie in dieser Form und nicht zur Rechtssetzung und Rechtsprechung ausgeübt wird – nur eine Form des Raubes ist.

Wie zitierte Papst Benedikt XVI. in einer Rede im Deutschen Bundestag den heiligen Augustinus so treffend: »Nimm vom Staat das Recht weg, was bleibt dann übrig als eine große Räuberbande?«

Je fortgeschrittener die Arbeitsteilung einer Gesellschaft ist, desto komplexer und verwobener wird das Geflecht ihrer relativen Preise. Heute reicht es nicht mehr, die Preisverhältnisse von Ochsen, Hühnern und Äxten zu verstehen. Heute muss das Geflecht der Preise die relativen Knappheiten von Brot, Mikrochips, Haarfärbemitteln, Software, Smartphone-Apps, Wohnungen, Genussmitteln, Reisen, Porsches (und all ihrer Teile), Dienstleistungen und Gütern zu Milliarden ordnen.

Wenn Sie heute durch staatliche Intervention den Preis eines entscheidenden Mikrochips ändern, können Sie den globalen Elektronikmarkt ins Ungleichgewicht bringen. Die Folgeeffekte sind durch die globale Vernetzung und die Schubstangeneffekte überhaupt nicht mehr vorhersehbar. Man kann sicher die Aussage treffen, dass unsere im höchsten Maße arbeitsteilige Gesellschaft heute noch viel anfälliger dafür ist, wenn ihr entscheidende Informationen für rationale wirtschaftliche Entscheidungen entzogen werden. Und die entscheidendste Information ist und bleibt der Preis eines Gutes, welches seine lokale wie auch globale relative Knappheit anzeigt.

Das Räderwerk globaler Arbeitsteilung kann durch den Vergleich mit einem Uhrwerk in seiner Komplexität heute nicht einmal mehr annähernd beschrieben werden. Stellen Sie sich lieber ein Uhrwerk mit Milliarden von Zahnrädchen und Hebeln vor, das sich ständig durch technischen Fortschritt neu konfiguriert und umbaut und das diesen Umbau immer schneller bewerkstelligt, dann kommen Sie der Sache schon näher.

Trotzdem glauben unsere Politiker, in diesem Räderwerk straflos und folgenlos andauernd herumpfuschen zu können, ja sogar zu müssen. Wenn Hybris als besondere Ausprägung arroganter Dummheit gelten darf, dann findet sie darin ihren ultimativen Ausdruck. Die Arroganz liegt dabei in der

Anmaßung von Wissen, die schon der große liberale Denker Friedrich August von Hayek in den 1930er-Jahren so treffend beschrieben hat, als er sich mit dem wirtschaftsplanerischen Größenwahn der Nazis und der Kommunisten auseinandergesetzt hat. Die Politiker und die Bürokratie wissen es nicht besser. Sie durchschauen das Uhrwerk nicht, obwohl sie das ständig behaupten oder stillschweigend voraussetzen. Niemand tut das. Aber die Politik setzt sich permanent darüber hinweg.

Heute pfuscht der Staat in die freie Preisbildung der Märkte hinein, dass es für den nihilistischen Zerstörungswahn eine Lust ist: Weizenpreise runter, Wohnungspreise im Mietmarkt runter, im Kaufmarkt rauf, Löhne als Preis für die Arbeit je nach Segment rauf oder runter, Energiepreise für Kohle und Öl rauf, für Wind dafür runter, Besteuerung unerwünschter Dinge hier, Subvention der politisch gewollten Dinge dort. Für die Folgewirkungen sind wir nicht zuständig in der Politik. Dafür haben wir dann das »Marktversagen«, auf das die Zauberlehrlinge in den Fluren staatlicher Macht die katastrophalen Folgen ihrer Aktionen gerne abwälzen. Der Markt ist der Sündenbock für das Staatsversagen. Schauen Sie deshalb mal ganz genau hin, wenn Ihnen das nächste Mal jemand mit dem Begriff Marktversagen kommt, und fragen Sie sich, welche Mechanismen wirklich hinter dem tatsächlichen oder vermeintlichen Desaster stecken. In Kapitel 3 gehen wir darauf noch etwas detaillierter ein.

Über einen Preis haben wir jetzt allerdings im Zusammenhang mit dem Begriff der Knappheit noch nicht gesprochen. Den wichtigsten Preis von allen, den Preis des Geldes: den Zins.

Wenn alle relativen Knappheiten unserer komplexen arbeitsteiligen Gesellschaft in Geldeinheiten ausgedrückt werden und zugleich die zeitlichen Präferenzen, also die Lebensplanung von Sparen und Konsum darin gespiegelt werden, dann ist der Zins als zentraler Preis einer wirtschaftlichen Ordnung anzusehen. Reflektiert er nicht mehr die Summe aller relativen Knappheiten und die zeitlichen Präferenzen der Teilnehmer am System, dann kann kein einziger anderer Preis im freien Spiel der Kräfte mehr korrekt sein in dem Sinne, dass er die wahre relative Knappheit anzeigt.

Wenn das aber so ist, dann müssen wir daraus folgern, dass sich die planerische Festlegung des Zinses, seine Manipulation durch die Zentralbank und ihre gewaltsame Durchsetzung mit den Mitteln der Druckerpresse in alle Preisbeziehungen der Volkswirtschaft fortpflanzt wie ein Tsunami durch den Indischen Ozean. Wo er ankommt, richtet er Schaden an. Ohne diesen Maßstab sind wir blind. Wir treffen die falschen Entscheidungen. Wir konsumieren zu viel, weil das Vorziehen von Konsum plötzlich nichts mehr kostet. Damit investieren wir zu wenig. Wir investieren in die falschen Dinge, weil das Verhältnis von Rendite zu Risiko für jede einzelne Investition nicht mehr korrekt eingeschätzt werden kann. Wir erkennen Risiken nicht mehr, weil die Kapitalkosten bei null liegen und Kapital als Risikopuffer entwertet wird. Wir türmen Schulden auf, weil sie vermeintlich nichts kosten und nur der Dumme es nicht tut. Wir geben unseren Politikern den Anreiz, das Gleiche zu tun.

Die Dinge, die knapp sind, werden zu wenig produziert, die Dinge, die überflüssig sind, werden zu viel produziert. Das System wird von einem Krebs befallen, der schleichend metastasiert. Wenn die dadurch angerichteten Schäden erkannt werden, wird es zu spät sein, gewaltige Verwerfungen und Folgeschäden noch abzuwenden.

Und warum das alles? Weil wir eben nicht in einer Marktwirtschaft leben. Wir leben in einer Geld-Planwirtschaft.

Die Zentralbanken glauben weltweit, dass sie den heiligen Gral des Besserwissens gefunden haben.

Ihre keynesianischen Modelle haben sie besoffen gemacht mit der Hybris der Anmaßung von Wissen.

Es ist die gleiche Hybris, die die Kommunisten veranlasst hat, zu glauben, sie könnten die Produktion und Zuteilung aller Güter im GosPlan zusammenfassen. GosPlan war im sowjetischen Planungssystem die oberste Befehlsbehörde, bei der alle Fäden zusammenliefen. Dort hat man geglaubt, dass man Herr der Lage ist, wenn man die Fäden ziehen kann. In Wahrheit haben sie sich nur in dem unendlichen Gewirr von Fäden total verheddert. Der gordische Knoten war eine Schnürsenkelschleife dagegen. Sie alle haben ja bestimmt schon von den berühmten Fünf-Jahres-Plänen in der UdSSR gehört, die immer übererfüllt, aber nie erreicht wurden. Dort, bei GosPlan, wurden sie geschrieben.

So was haben wir in Europa hier und heute auch: Die Manipulation des Geldes ist unser GosPlan. Und Herr Draghi ist sein plangläubiger Lenin und seine Entourage das neue geldpolitische Zentralkomitee.

Zur Reflexion und Selbstkritik unfähig, ist die einzige Reaktion, zu der diese Institution namens EZB noch fähig ist, wenn ihre Politik versagt hat, nach mehr zu schreien. Wenn es nicht funktioniert, dann hat man nicht genug gemacht, nicht genug Geld gedruckt, nicht genug in die Märkte eingegriffen. Man handelt nach dem Motto: »Als wir merkten, dass wir in die falsche Richtung liefen, verdoppelten wir unsere Anstrengungen.« Und wenn das nicht reicht, dann erfinden wir den Negativzins. Und wenn der nicht reicht, müssen wir ihn erhöhen. Und wenn die Leute dann deswegen Bargeld horten, müssen wir halt das Bargeld abschaffen, damit wir sie mit Negativzinsen besser enteignen können. Enteignen ist dabei die vornehme Umschreibung für berauben.

Zum Glück gibt es Terrorismus und Geldwäsche, damit die Geldpolitik für diesen ökonomischen Amoklauf der Bargeldabschaffung eine Begründung vorschieben kann.

Und so drehen wir die Spirale der geldpolitischen Eskalation immer weiter. Wir greifen damit aber nicht nur die wirtschaftlichen Grundlagen Europas an. Wir stellen auch unsere freiheitliche Ordnung infrage, denn Bargeld ist nicht nur irgendein Zahlungsmittel, es ist auch das einzige Zahlungsmittel, das den Bürger nicht gläsern macht.

Mit der Logik von Geheimdienstspitzeln wird uns suggeriert, dass, wer nichts zu verbergen habe, auch nichts zu befürchten habe, wenn er mit dem Netz der Überwachung überzogen wird. Wissen diese Damen und Herren eigentlich, dass die Nazis dieses Argument als Erste benutzt haben, als sie ihren Überwachungsstaat nach der Machtergreifung 1933 über Deutschland stülpten? Der Blockwart, die Gestapo und die Stasi sind die Lowtech-Variante und die Vorgänger des zwangsweisen bargeldlosen Zahlungsverkehrs, der diesen Herrschaften vorschwebt.

Die totale Überwachung jedes Zahlungs- und Einkaufsvorgangs, und sei es nur für eine 80-Cent-Packung Kaugummi, ist etwas intrinsisch Totalitäres. Bargeld ist geronnene Freiheit.

Die Freiheit zu handeln, zu entscheiden, was man wann von wem oder an wen und zu welchem Preis kauft oder verkauft, ohne die Einmischung der Staatsgewalt fürchten zu müssen. Wollen wir es wirklich hinnehmen, dass wir in dieser Frage weniger Freiheitsrechte haben als die Menschen vor 3.000 Jahren in Babylon oder Sumer?

Neuerdings experimentiert die EZB mit der Idee einer Block-Chain-Währung herum. Diese Technologie hat man sich von der Internet-Währung Bitcoin abgeschaut, die man natürlich als unbotmäßige Konkurrenz betrachtet und die man deshalb propagandistisch in die Schmuddelecke des Darknet und des Verbrechens abschieben möchte. In der Form der Bitcoins bietet diese Technologie in der Tat eine wunderbare Möglichkeit, ebenso wie mit Bargeld, frei von staatlicher Überwachung zu bezahlen.

Leider birgt diese Technologie auch den Keim des Bösen in sich. Und damit meine ich nicht den Umstand, dass lichtscheue Gestalten sie im Darknet für die Bezahlung illegaler Dinge benutzen können. Damit meine ich vielmehr, dass die Blockchain-Technologie, wenn sie für die Schaffung von Zentralbankgeld eingesetzt wird, es ermöglicht, den Weg jedes einzelnen Cents durch jede Hand zurückzuverfolgen, durch die er jemals gegangen ist.

Das wird alles abgespeichert, und Sie dürfen davon ausgehen, dass die EZB keine anonymen Konten dieser Währung zulassen wird, wenn sie mal kommt. Der Staat in Gestalt der Notenbank weiß dann in Zukunft nicht nur, dass Sie 80 Cent für eine Packung Kaugummi ausgegeben haben. Er weiß auch, von wem Sie das gekauft haben und wer Ihnen genau diese 80 Cent wann und wofür gegeben hat. Er weiß auch, ob Sie vier Euro für einen Döner bei einem türkischen Imbiss ausgegeben haben, dessen Inhaber eine Moschee besucht, die auch von schlechten Menschen mit bösen Absichten benutzt wird. Und er weiß dann auch, dass Sie mit dem gleichen Block-Chain-Konto einen Film für Erwachsene vom Internet runtergeladen haben. Er weiß auch, dass Sie 50 Euro für eine Partei gespendet haben, die er nicht mag. Sie können ihn auch nicht daran hindern zu wissen, welche Zeitungen Sie lesen, welche Bücher Sie lesen, welche bezahlpflichtigen Webseiten Sie ansehen. Er weiß es nicht nur, er speichert es für die Ewigkeit. Das ist die Natur der Blockchain.

Das ist die Version 4.0 der aktuell betriebenen und angestrebten Geldpolitik: absolute Macht.

Und wie wir wissen: Wissen ist Macht, und Macht korrumpiert, und absolute Macht korrumpiert absolut.

So gesehen ist diese Geldpolitik auch ein Anschlag auf die Freiheit. Und wer die Freiheit untergräbt, ist kein Demokrat, obwohl das angesichts der undemokratischen Entscheidungsprozesse und Gremienstrukturen der europäischen Politik und Geldpolitik wahrscheinlich ohnehin zu viel erwartet gewesen wäre.

Und die Geschichte lehrt uns: Wer keine freiheitlichen Instinkte hat, aber Macht und Machtinteressen, der greift Freiheit und Demokratie früher oder später an. Denn er will nicht kontrolliert werden, schon gar nicht vom Souverän, dem Volk. So hat es schon Lenin gemacht.

KAPITEL 3

Das Märchen vom Marktversagen

Markt pur ist Wirtschaft pervers. Markt pur ist purer Wahnsinn.

Horst Seehofer

Die meisten Argumente gegen freie Märkte wurzeln in einer Abneigung gegen die Freiheit als solche.

Milton Friedman

Die Vertreter der staatlichen Intervention, Überregulierung und monetärer Machtausübung werden nicht müde, uns zu erklären, dass sie ja nur die vermeintlichen Fehler des marktwirtschaftlichen Systems korrigieren, um den »Kapitalismus vor seinen eigenen Auswüchsen zu schützen«.

»Marktversagen« ist das große Zauberwort.

Für diese Plangläubigen war die Finanzkrise ein Geschenk des Himmels.

Obwohl von Anfang an bei genauem Hinsehen hätte klar sein müssen, dass es nicht die Marktwirtschaft war, die versagt hatte, sondern ein Zusammenwirken von schlechter Regulierung, planwirtschaftlicher Geldpolitik und einem von der Politik und der Finanzaufsicht gewollten und geförderten Informationsmonopol in der Ratingindustrie, verschrieb sich die Politik nach dem Crash von 2008 der Maxime, dass »kein Bereich des Finanzwesens mehr unreguliert bleiben darf«.

Auf Deutsch: Nichts soll mehr im Finanzwesen passieren, ohne dass vorher ein Bürokrat gnädig mit dem Kopf genickt und das Tun der Unternehmen, Banken und Kunden für gut befunden hat.

Die Gelegenheit war ja auch noch nie so günstig, die Macht von den Märkten, und damit vom Individuum, dem Bürger wegzunehmen und zu einer Bürokratie hin zu verschieben, die sich seitdem als »Weltenretter« geriert und hofieren lässt.

Nationale Regierungen, EU-Kommission, Zentralbanken und Aufsichtsbehörden überboten sich gegenseitig in Vorschlägen, wie den »außer Kontrolle geratenen Märkten und ihren Akteuren Fesseln angelegt werden sollten«. Eine sich in »Demut« übende Managerklasse der Finanzwirtschaft konnte oder wollte den durchaus vorhandenen Sachverstand nicht mehr in diesen Diskussionsprozess einbringen, um auch nur die schlimmsten und extremsten Auswüchse dieses Amoklaufs der politischen Entscheidungsträger zu begrenzen.

Leisetreterei allerorten. Gestandene Vorstände von großen Finanzinstituten lassen sich auf internationalen Konferenzen in devoter Haltung dazu hinreißen, den Satz zu formulieren »Es steht mir nicht an, die Aufsicht zu kritisieren; aber ich möchte zu bedenken geben, dass die Regulierung finanzierbar bleiben muss.« Mehr nicht.

Das ist ein Trauerspiel an vorauseilendem Gehorsam. Guter Mann, selbstverständlich steht es Ihnen an, die Aufsicht zu kritisieren! Wer soll es denn sonst machen? Was soll dieser Untertanenspruch?

Nicht überraschend, nach Multimilliarden-Rettungspaketen hatten die Banken keine Lobby und keine Stimme mehr in der Politik. Kein Politiker war noch bereit, sich »für die Finanzwirtschaft stark zu machen«. Als ob es darum ginge und nicht um die Frage, welche Politik wirklich zielführend ist und welche nicht.

Das Tückische an dieser neuen Welle sozialistischer Planwirtschaft ist es außerdem, dass viele Entscheidungsträger in der Politik tatsächlich glauben oder es sich einreden, sie würden der Marktwirtschaft mit ihren Maßnahmen einen Gefallen tun, und sie so stabilisieren. Man redet dabei gerne davon, wie »Märkte organisiert werden müssen, damit sie funktionieren«. Aber wenn es um kluge Ordnungspolitik ginge, müsste eine Philippika wie die hier vorliegende nicht geschrieben werden. Das ist jedoch nicht der Fall. Politik ohne Verständnis der Frage, wie Märkte überhaupt funktionieren, und ohne Instinkte für die freiheitliche Ordnung kann dies auch gar nicht leisten.

Der pure, »unkontrollierte« Markt ist eben doch irgendwie von Übel, ja sogar pervers. Danke, lieber Horst Seehofer, dass Sie uns das jetzt mal so nobelpreisreif erklärt haben. Der Markt läuft Amok, und zum Glück gibt es die Helden in den bürokratischen Amtsstuben und in der bayerischen Staatskanzlei, die den Mut aufbringen, da einzuschreiten.

Wie edel.

Blöd nur, dass kein Wort davon die Realität beschreibt. Vielmehr wurde jeder Schritt bei der Vorbereitung der Krise vor 2007 und ihrer Entfaltung von regulatorischen, politischen und bürokratischen Fehlleistungen nicht nur begleitet, sondern erzwungen, durch Anreize verstärkt oder überhaupt erst ermöglicht. Für diejenigen, die *Verzockte Freiheit* nicht gelesen haben, folgt daher an dieser Stelle quasi ein Schnelldurchlauf durch die staatlichen Fehlleistungen, die diese Krise ermöglicht haben.

Wie lässt sich das Bild der Verwicklung von Politik und Regulierung in die Verursachung der Krise am besten zeichnen? Vorzugsweise chronologisch:

Mit der Entfaltung der US-amerikanischen Hypothekenkrise und dem Zusammenbruch der Lehman Bank verloren die Banken global fast 6 Prozent aller Assets durch faule Kredite und Preisverfall von Wertpapieren. Aggregiert entsprach dies fast dem gesamten Eigenkapital aller Banken. Man konnte also 2008 davon sprechen, dass das Bankensystem der westlichen Welt bankrott war.

Es zeigt sich jedoch bei genauem Hinsehen, dass die Banken und die anderen Teile der Finanzwirtschaft nur das taten, was ihnen von der Politik und der Regulierung im Sinne von Vorschriften auferlegt worden war und wozu perverse Anreize geschaffen worden waren:

Warum vergaben US-Banken en masse Baukredite an schlechte Schuldner? Es war die Politik in den USA, die durch Zwang und das Androhen von Strafmaßnahmen die Banken gezwungen hatte, Hypothekenkredite an Schuldner auszureichen, die sich diese eigentlich nicht leisten konnten. Dies wurde durch ein von der Clinton-Regierung 1998 auf den Weg gebrachtes Gesetz namens »Community Reinvestment Act« ermöglicht. Der Name war geschickt gewählt: Wer konnte schon etwas dagegen sagen, dass man in »Communities« investiert? Klingt edel, klingt politisch korrekt. Man sieht vor seinem geistigen Auge, wie glückliche Kinder von glücklichen Hausbesitzern den Spielplatz bevölkern, nebenan trainiert die Schulmannschaft Baseball, die Sonne scheint, die Gärten blühen, alles dank dem Community Reinvestment Act. Toll.

Die Verabschiedung dieses Gesetzes war leider in Wahrheit die Geburtsstunde der faulen Hypothekenkredite.

Wie konnten Investmentbanken und Ratingagenturen aus diesen schlechten Krediten einen gigantischen Verbriefungsmarkt aufbauen? Es war erneut die Politik, die wiederum mithilfe von Gesetzen die Großinstitute Freddie Mac und Fannie Mae dazu zwang, den Banken Hypothekenpapiere in riesigem Umfang abzukaufen, und so den Markt schlechter verbriefter Anleihen erst ankurbelte, als den Banken vor lauter Wachstum die guten Kreditkunden ausgingen.

Das war die Geburtsstunde der wertlosen Verbriefungen.

Warum kamen dann plötzlich so viele Schuldner gleichzeitig in Schwierigkeiten?

Es waren Politik und Aufsicht im Tandem, die das langfristige Festschreiben von Hypothekenzinsen in den USA verboten, weil sie dies für ein Gebot des Verbraucherschutzes hielten, obwohl diese Abschaffung Millionen Kreditnehmer dem Risiko von Zinsschwankungen aussetzte. Als die Zinsen dann 2006 stiegen, überstieg dies die Leistungsfähigkeit vieler Häuslebauer in den USA, die sich nicht durch eine langfristige Zinsbindung vor diesem Risiko schützen konnten. So legte man die Zündschnur, die dafür sorgte, dass die Korrektur der Hypothekenmärkte systemgefährdende Ausmaße annehmen musste, weil die Zinserhöhung sehr viele Hauseigentümer gleichzeitig zahlungsunfähig machte.

Das war die Geburtsstunde unkontrollierbarer Kumuli und Risikokonzentrationen in den Büchern der Banken und der Verbriefungsvehikel.

Warum wurden diese schlechten Kredite dann aber mit guten Ratings der Agenturen versehen und konnten so ihren Weg in das weltweite Bankensystem finden und dort die Bilanzen systematisch vergiften?

Es war die US-amerikanische Aufsichtsbehörde Securities and Exchange Commission (SEC), die durch künstliche Markteintrittsbarrieren und Vorschriften für Investoren dafür sorgte, dass die drei großen Ratingagenturen unter sich in einer quasimonopolistischen Blase wirtschaften konnten. Zugleich brauchten zwei Drittel aller Geldanlagen den Stempel dieser Torwächter der Kapitalmärkte, um überhaupt an den Markt gebracht werden zu können. Das von der Aufsicht gewollte und geschaffene Monopol konnte so die Situation zur Erzeugung gigantischer Profite nutzen, eine Kontrolle durch Wettbewerb war da nicht vorgesehen. Wer braucht schon Wettbewerb zur Sicherstellung von Qualität, wenn staatlich garantierte Monopolgewinne winken?

Das war die Geburtsstunde falscher Ratings für riskante Kreditverbriefungen. AAA für Ramsch.

Aber mussten dann nicht »die Regierungen« die Banken retten, um die Sparer zu schützen und Schlimmeres zu verhindern?

Es war die Politik, die eine implizite Einlagengarantie für Sparkonten geschaffen hat. Das tat sie nicht erst gestern, sondern es war seit Etablierung des Bretton-Woods-Systems nach dem Zweiten Weltkrieg gängige Regel. Diese Idee war gut gemeint. Wer könnte schon etwas dagegen haben, den Sparer vor dem Leichtsinn von Bankmanagern zu schützen, oder wenigstens vor seinen Folgen?

Das Problem: Auf diese Weise befreite man die Banken davon, ihren Einlagenkunden gegenüber Transparenz zu schaffen und so das Vertrauen zu rechtfertigen, ihnen sein Geld anzuvertrauen. Alle Banken, ob gut oder schlecht, sind für Sparkunden »gleich gut«, denn der »Staat« oder »die Regierung« haftet ja. In Wahrheit haftet natürlich nicht das anonyme Gebilde Staat, sondern der ihn zwangsweise finanzierende Steuerzahler, ob er will oder nicht.

Und je größer die Bank, desto mehr profitiert sie davon. So verstärkte man das Problem des »too big to fail«, denn Größe wird subventioniert. Da zeigt sich wie so oft: Gut gemeint ist das Gegenteil von gut gemacht.

Das Risiko des Sparers wird auf den Steuerzahler überwälzt, es wird so eine Externalität zulasten der Allgemeinheit geschaffen. Man könnte von daher die grundsätzliche Frage stellen, warum in den Augen unserer Politiker denn der Steuerzahler weniger schützenswert ist als der Bankkunde, der ein Sparbuch führt. De facto ist es natürlich so, dass zwischen Sparern und Steuerzahlern eine riesige Schnittmenge besteht, sodass man fast von einer Identität des Personenkreises sprechen kann. Linke Tasche, rechte Tasche.

Im Ergebnis wird also der Sparer gar nicht wirklich geschützt, weil er in aller Regel auch Steuerzahler ist. Steuerzahler Müller rettet Sparer Müller, und die Politik lässt sich für diesen Genie-streich feiern.

Nur die Anreize für umsichtiges Verhalten bei der Auswahl der Bank für das eigene Sparkonto oder die Anleihe stimmen nicht mehr. Zusammenfassung: Die Politik nimmt den glei-chen Leuten, denen sie später etwas gibt, vorher etwas weg, lässt sich dafür feiern und zerstört einen wichtigen marktba-sierten Anreiz für Transparenz im Finanzwesen. Uff.

Das Ganze macht nur einigermaßen Sinn, wenn es sehr selten mal einzelne Banken trifft und dann die große Solidargemein-schaft den wenigen einzelnen Betroffenen hilft.

Damit landen wir beim Prinzip einer staatlichen Versiche-rung. Das Problem ist, dass eine Versicherung perverse Anrei-ze schafft, wenn sie nicht nach marktwirtschaftlichen Kriterien organisiert wird. Diese Anreize bewirken in diesem Fall, dass Banken eben nicht mehr um das Vertrauen der Sparer konkur-rieren müssen. Der Anreiz für sie, ihre Geschäfte transparent zu machen und ihre Risiken offenzulegen, entfällt im staatli-chen Garantiesystem weitgehend.

Es ist daher sicher kein Zufall, dass die Banken im Wettlauf um schnelle Rendite seit der flächendeckenden Einfüh-rung staatlicher Garantien ihre eigenen Risiken systema-tisch hochgefahren haben und zugleich über Jahrzehnte die Eigenkapitalreserven reduzierten (was auch eine Form der Risikoerhöhung ist). Das »Free Lunch« der Garantie durch den Steuerzahler machte es möglich. Die Marktmechanismen zur Risikokontrolle wurden so elegant ausgehebelt.

Gleichzeitig versagten Politik und Aufsicht aber weitgehend – und das tun sie bis heute! –, den Banken Transparenz im Wege von Vorschriften abzuringen. Stattdessen machte man Übungen wie Basel II und Basel III zu Feldern der Lobbyarbeit von Sonderinteressen. Ein ursprünglich gutes Konzept, das Regulierung erstmals mit ökonomischen Anreizen verbinden sollte, wurde so lange verwässert und verzerrt, bis die entstehenden Lücken groß genug waren, um Transparenz auch künftig vermeiden zu können.

Wer den Markt abfällig als Basar bezeichnet, der war noch nie auf dem Pferdemarkt politischer Lobbyarbeit unterwegs.

Bürokratische Paragrafenhuberei ist eben doch nicht in der Lage, die Informationseffizienz des Marktes und die Zielgerichtetheit seiner Anreize zu ersetzen. Ein Paradebeispiel für das Versagen der Bürokratie auf dem Feld der Transparenz sind die fehlgeschlagenen Stresstests, auf die später in diesem Buch noch einzugehen sein wird.

Dieses Versagen war die Geburtsstunde der Haftung des Steuerzahlers für Risiken, die niemand mehr überblickte.

Sie sehen: Steinchen für Steinchen haben Politik und Aufsicht die Bedingungen geschaffen, die marktwidrige und damit falsche Anreize setzten. Sie haben den Markt nicht geordnet, sondern versucht, ihn zu lenken und zu instrumentalisieren. Das macht man nicht ungestraft.

Die Behauptung, die Märkte hätten versagt, ist daher eine große Lüge, der sogar viele Protagonisten, die sich als Anhänger der Marktwirtschaft bezeichnen, erlegen sind. Man muss diese Lüge, die uns seit fast zehn Jahren unermüdlich eingetrichtert wird, endlich beim Namen nennen, wenn man die Diskussion auf eine vernünftige Basis stellen will. Denn es ist diese Lüge, die seit 2007 die Debatte und das Handeln der Politik bestimmt.

Natürlich haben auch die Banken versagt. Gutes Management hätte auch ohne Vorschriften auf mehr Transparenz, Risikoverständnis und Vorsicht hinauslaufen müssen. Aber eines muss man klarstellen: Sie waren es nicht alleine, und sie haben nicht die falschen Rahmenbedingungen gesetzt, die solchen Banken einen – wenn auch vorübergehenden – Vorteil im Wettbewerb verschafften, die ihre Risiken ignorierten oder schönrechneten. Da es der Politik mit ihren Interventionen gelungen war, die Risikotransparenz für die gesamte Branche zu untergraben, folgte natürlich auch, dass an den Börsen nur noch auf die Profite der Banken geschaut wurde, nicht mehr auf die um Risikokosten bereinigten Profite, wie das eigentlich rational wäre. Das Ergebnis: Wer als Bankvorstand das Spiel nicht mitgespielt hat, der verlor einfach wegen »Underperformance« (Neudeutsch für Minderleistung) ziemlich schnell seinen Job.

Und besonders pikant ist an dieser Stelle die Frage, warum es ausgerechnet die im Staatsbesitz befindlichen Landesbanken waren, die die empfindlichsten Verluste mit amerikanischen Hypothekenpapieren erlitten haben. Die Sache ist nämlich ein Lehrbeispiel fehlgeleiteter Intervention von Regierungen, EU-Kommission und Aufsicht.

Die Landesbanken sind einerseits die Girozentralen der Sparkassen und haben in dieser Rolle eine wichtige Funktion für diese Bankengruppe. Wir lassen jetzt mal die Frage beiseite, ob der Staat in Form der Kommunalverwaltungen der beste Träger von Kreditinstituten für die Versorgung in der Fläche ist und auf diese Weise den Wettbewerb in diesem Sektor nicht unerheblich verzerrt, aber man könnte eine interessante Debatte darüber führen.

Daneben haben sich die Landesbanken auch immer als »Wholesale-Banken« betätigt und große Kredittransaktionen für die Industrie und für Projektfinanzierungen von Schiffen über Flugzeugen bis zu Infrastrukturprojekten getätigt. Das ist ein hochkompetitiver Markt, auf dem diese Institute teilweise in Konkurrenz zu den Top-Investmentbanken der Wall Street stehen. Der kleine Unterschied ist, dass die Investmentbanken das Risiko nur durchreichen, indem sie Wertpapiere in Form von Anleihen am Markt unterbringen, während die Landesbanken die Kreditrisiken auf ihre Bücher nehmen. Was passierte dort?

Erster Akt: Anfang der 2000er-Jahre befanden sich die damals etwa ein Dutzend Landesbanken im gemeinsamen Besitz von Sparkassen und den Staatsregierungen der Bundesländer. Sie genossen eine explizit ausgesprochene staatliche Garantie für die Anleihen, die sie am Markt platzierten, um ihr Kreditgeschäft zu refinanzieren. Man nannte das Gewährträgerhaftung. Was sehen wir hier: Staatliche Banken, deren Schulden vom Staat garantiert werden und die deshalb mit AAA geratet werden. Damit konnten sich diese Institute besonders kostengünstig refinanzieren und hatten gegenüber den privaten Banken einen Wettbewerbsvorteil. Ich bitte an dieser Stelle zu beachten, dass es eine staatliche Intervention war, die auf diese Weise den Wettbewerb und damit das Marktergebnis verzerrt hat.

Zweiter Akt: Die EU-Kommission in Gestalt des Wettbewerbs-kommissariats erkennt in dieser Garantie das, was es schon immer war: eine Subvention und Wettbewerbsverzerrung. Das ist nach den EU-Binnenmarktverträgen illegal und muss abgeschafft werden. Eigentlich klug, weil Markt halt ohne unverzerrten Wettbewerb nicht wirklich geht.

Dritter Akt: Landesbanken und Bundesregierung streiten sich mit der EU-Kommission, jahrelange Verhandlungen werden geführt, an deren Ende ein fauler Kompromiss steht, dessen Sprengwirkung, wie wir gleich sehen werden, die Mehrzahl der Landesbanken in die Luft gejagt hat.

Was beinhaltete dieser faule Kompromiss? Man einigte sich auf ein sogenanntes »Grandfathering«. Die Landesbanken verloren die Staatsgarantien für ihre Anleihen, durften aber als »Übergangserleichterung« einen letzten ganz großen Schluck aus der Pulle mit der Aufschrift Gewährträgerhaftung nehmen. Nur Anleihen, die nach einem bestimmten zukünftigen Datum von ihnen begeben wurden, mussten auf die Garantie verzichten (und wurden entsprechend nicht mehr mit dem begehrten AAA der Ratingagenturen bewertet), alles was vor diesem Datum emittiert wurde, war noch garantiert.

Vierter Akt: Die Folge war, dass sich die Landesbanken derart mit Liquidität vollsaugten, als wollten sie sich selbst einem Waterboarding unterziehen. Anleihen mit langer Laufzeit wurden in riesiger Menge auf Vorrat emittiert. Die verursachten natürlich auch Zinskosten. Das wiederum bewirkte einen Hunger nach Kreditvergabe, um die Zinskosten zu decken. Das Geld musste unters Volk gebracht werden, weil die kurzfristige Anlage am Geldmarkt oder bei der EZB viel weniger Zins erbrachte, als die Landesbanken für die Anleihen zahlen mussten, trotz letztmaligem staatsgarantierten AAA. Gewissermaßen stürzte diese Vorratshaltung die Institute in eine Art negativer Fristentransformation.

Man war also auf der Suche nach Anlage. Und der Anlagenotstand treibt den Anleger ja, wie allgemein bekannt ist, zu den seltsamsten Blüten. Dieser Ruf nach einer Wiederanlage der durch die Monsteranleihen beschafften teuren Liquidität wurde erhört. Man fand ihn in der vermeintlich risikofreien Investition in supertoll geratene US-amerikanische Hypothekenanleihen und nannte das Kreditersatzgeschäft. Überflüssig zu erwähnen, dass wir dafür keine Risikomess- und Kontrollinstrumente hatten. Das ist was für Warmduscher, nicht für unsere Wallstreet-gestählten Gordon Geckos von der West-LB. Dafür haben wir schließlich die Ratingagenturen.

Fünfter Akt: Als die Sache schiefging, musste der Steuerzahler die von Politikern gelenkten, beaufsichtigten und für die eigenen industriepolitischen Zwecke eingesetzten Banken retten. Und jetzt sage bitte noch mal einer, dass es hier um Marktversagen gegangen sei. Das ist ein riesiger Humbug! Es war kein Marktversagen, es war der Ausfluss der Bürokratie, der Staatswirtschaft und der Hybris von überforderten Amtsträgern der Landespolitik.

Letzter Akt: Diesem Komplettversagen der Politik müssen wir natürlich mit mehr Staat begegnen, mit mehr Regulierung, mit mehr Anmaßung, dass wir es besser wissen als der Markt. Logisch.

Es gibt grundsätzlich zwei Arten von Regulierung: Regulierung, die versucht, die institutionellen Rahmenbedingungen zu schaffen, damit Märkte effizient arbeiten können und durch die Interaktion vieler freier Individuen die Information erzeugt wird, die beste wirtschaftliche Entscheidungen ermöglicht. Das nennt man Ordnungspolitik und es erfordert, dass man sich mit der Funktionsweise von Märkten auseinandersetzt.

Und dann gibt es solche Regulierung, die versucht, die Marktkräfte auszuhebeln oder sogar das Ergebnis von Marktprozessen zurückzudrängen, rückgängig zu machen und zu »korrigieren«. Diese zweite Art marktfeindlicher Regulierung ist in Wahrheit ein Instrument der Machtausübung.

Die ökonomischen Realitäten sollen in diesem Regulierungsmodell so verändert werden, dass ein ideologisches Zielbild dabei herauskommt. Manchmal geht es aber auch nur um Jobs für abgehalfterte Politiker (»Der hat 20 Jahre Plakate für die Partei geklebt, der ist jetzt mal dran!« PS: Das ist ein Originalzitat.) Das kollidiert natürlich mit den Marktergebnissen, die durch den freien Tausch zwischen freien Menschen zustande kommen.

Einige wenige zwingen so der leider unzureichend informierten Mehrheit der Gesellschaft ihren Willen auf und erzeugen ein Zerrbild der Marktwirtschaft. Üblicherweise wird dies mit viel Moralin übermalt, damit nur keiner auf die Idee kommt, die politische Unkorrektheit zu besitzen, um die Dinge frech beim Namen zu nennen. Im Fall der Finanzkrise gelang dies durch die Schuldzuweisungen an die Finanzwirtschaft als Alleinverantwortlichen der Krise in besonderer Weise.

Die Welle an Regulierung, die wir heute erleben, gehört zum allergrößten Teil zur zweiten Kategorie. Sie versucht, Markt durch Bürokratie zu ersetzen. Sie unterstellt, dass Aufseher die besseren Banker, besseren Unternehmer und besseren Händler sind. Sie unterstellt, dass Politiker besser als wir selbst wissen, was für uns gut ist. Sie hat die Anmaßung, die Menschen vor sich selbst schützen zu wollen. Sie betreibt Mikromanagement, statt Rahmenbedingungen zu setzen.

Politik und Aufsicht haben versagt, nicht weil sie zu wenig reguliert hätten, sondern weil sie falsch und zu viel reguliert haben. Sie haben Anreize geschaffen und durch ihre wenig oder gar nicht durchdachten Vorschriften die Marktkräfte beeinträchtigt. Jetzt schreit man den Banken ein »Haltet den Dieb!« hinterher und bietet Lösungen an, die ein Mehr an falschen, inkonsistenten, nicht zu Ende gedachten Vorschriften beinhalten.

Je länger wir es dieser Politik erlauben, Schaden anzurichten, desto schwieriger und riskanter wird unsere wirtschaftliche Lage werden. Ganz sicher können auch Märkte versagen, denn nichts, was von Menschen gemacht ist (also auch Märkte), ist davor sicher. Aber ebenso sicher ist: Die Bürokratie versagt sehr viel häufiger als der Markt. Ihre Erfolgsstatistik ist nachweislich schlechter. Es ist deshalb rational, mehr auf den Markt zu vertrauen als auf ein Rudel Bürokraten.

Was sind nun die beiden Hauptergebnisse der neuen Regulierungswelle, die uns die Politik im Zuge der Krise beschert hat? Es ist erstens ein anmaßendes Mikromanagement der Banken durch die Aufsicht, die zu einer Verkrustung von Prozessen und Strukturen und zu einer Erstarrung der Entscheidungsfähigkeit geführt hat und so verhindert, dass Banken effizient arbeiten können. Die angestrebte Transparenz wurde bei alledem aber nicht erreicht.

Während sich die Bürokratie einbilden kann, sie würde aus dem Berg von Daten, den sie erschafft, klug werden, sitzt sie in Wahrheit auf einer Halde von Datenmüll, die sie nicht lesen, verarbeiten, geschweige denn interpretieren kann.

Und es ist zweitens eine Kostenexplosion, die die Banken genau zu einem Zeitpunkt trifft, da sie sich diese Kosten aufgrund erodierender Erträge und explodierender systemischer Kreditrisiken durch die Nullzinspolitik überhaupt nicht mehr leisten können.

Die Summen, die dabei für regulatorische Compliance ausgegeben werden, deren Mehrwert zu Recht angezweifelt werden darf, übersteigen mittlerweile jede Vorstellung. Die 1,5 Milliarden Euro, die der in diesem Buch später und beispielhaft zu diskutierende Stresstest verschlungen hat, sind dabei nur ein Tropfen auf den heißen Stein.

Eine in mehreren Ländern der EU tätige Bank muss sich heute damit auseinandersetzen, eine ganze Kompanie von Behörden zufriedenzustellen, die in der Regel mit geringem Maß an Abstimmung untereinander dieser Bank immer neue Berichtspflichten auferlegen. Das sind die jeweiligen nationalen Aufsichtsbehörden in jedem Land, in dem die Bank tätig ist, dazu die European Banking Authority (EBA) in London, der Single Supervisory Mechanism (SSM) der EZB in Frankfurt, die European Securities and Markets Authority (ESMA) in Paris (die nebenbei Börsen und Ratingagenturen beaufsichtigt) und die nationalen Notenbanken, die zugleich Mitglieder im Eurosystem sind.

Die Berichtspflichten sind dabei in der Regel ähnlich, aber nicht gleich. Das wäre ja auch zu einfach gedacht! Wenn man ein einheitliches regulatorisches Reporting für alle festlegt, könnte eine Bank ja noch auf die Idee kommen, alle mit dem gleichen Bericht zu versorgen, den sie mit der gleichen Infrastruktur erstellt. Nein, die sollen sich gefälligst Mühe geben und jedem ihrer bürokratischen Aufpasser einen individualisierten Bericht zukommen lassen. Das treibt die Kosten? Das ist doch nicht das Problem der Aufsicht!

Das sollte es aber sein. Denn es gibt ernstzunehmende Schätzungen, nach denen die Banken mittlerweile 15 bis 20 Prozent ihrer gesamten Erträge für Compliance ausgeben, ohne dass ein Ende der zusätzlichen Anforderungen in Sicht wäre, die man zusätzlich darüberstülpen möchte. Neulich hörte ich von einer Volksbank, die 21 Prozent ihres Ertrages für die Erfüllung regulatorischer Anforderungen aufwendet.

Das sind Summen, die sich europaweit auf mittlerweile über 100 Milliarden Euro belaufen – pro Jahr! Kleine Banken werden dabei offensichtlich überproportional belastet, weil sie die Komplexität dieser Sache kaum noch managen können.

Das ist Geld, das die Banken besser in die Rücklagen gepackt hätten, um sich für die kommende unvermeidliche Krise zu wappnen. Das ist Geld, das die Banken in die Lage versetzen würde, über 1.000 Milliarden Euro neue Kredite pro Jahr zu vergeben und risikotechnisch abzusichern. Dann müsste sich Herr Draghi vielleicht weniger von seinen Deflationsängsten um den Schlaf bringen lassen.

PS: Auch wenn es ein geübter Reflex ist, seit der Wahl Donald Trumps zum US-Präsidenten alles in Bausch und Bogen zu verdammen, was von dort kommt, sind die neuerdings von der Federal Deposit Insurance Corporation (FDIC), der amerikanischen Einlagenversicherung, gemachten Vorschläge zur Vereinfachung der Finanzregulierung ganz sicher besser als unser Bürokratiegestrüpp. Da hat jemand besser nachgedacht als die Europäer. Natürlich wird das den US-Banken einen globalen Wettbewerbsvorteil verschaffen.

Der dort vorgelegte Vorschlag lässt sich sehr kurz und knapp zusammenfassen: Einführung eines Trennbankensystems, einfache Eigenkapitalquote von mindestens 10 Prozent und dafür Rückbau der Vorschriften des Mikromanagements, das die Banken lähmt und von der Arbeit abhält, auf die es ankommt, nämlich Wirtschaft und Bürger mit Krediten zu versorgen und sich auf die echten Risiken zu konzentrieren. Das ist sinnvoll. Das ist Regulierung auf ordnungspolitischer Grundlage, die Rahmen setzt, statt Mikromanagement zu betreiben und alles im Detail regeln zu wollen.

Die reflexhafte Abwehr unserer Bürokratie auf diesen Vorschlag, noch bevor man ihn richtig gelesen hat, zeigt vor allem eines: Man hat Angst um seinen Job als Oberkontrolleur mit Strafzettelvollmacht bei Bagatellverstößen. Wenn solche Vorschläge ernsthaft diskutiert werden, dürfen Sie übrigens äußersten Widerstand von allen erwarten, die sich an diesem System überbordender Bürokratie seit Jahren rammdösig verdienen.

Das betrifft auch Teile der Privatwirtschaft, die sich gewissermaßen als Büttel der Staatsplanwirtschaft verdingt haben. Insbesondere ein Teil der Beratungswirtschaft und der Wirtschaftsprüfungsindustrie, die die Vorstände der Banken seit zehn Jahren mit Veranstaltungen »für die Regulierung fit macht«, die man in der Branche als »Vorstandsverschreckungsseminare« verspottet, ist hier gemeint.

Dort bekommt jeder Bankmanager eingetrichtert, dass er mit einem Bein im Gefängnis oder wenigstens auf dem Flur des

Arbeitsamts steht, wenn er nicht noch mehr Geld in die neuesten Ideen vorauseilend gehorsamer Regulierungs-Compliance investiert. Das macht er dann natürlich am besten bei den Veranstaltern der Fortbildungsmaßnahme. Die gleichen Unternehmen werden dann von den Aufsichtsbehörden beauftragt, die Umsetzung dieser Maßnahmen zu prüfen und der Aufsicht die korrekte Erfüllung zu melden.

Natürlich wird nicht das gleiche Prüfungshaus in der gleichen Bank die Projekte zur Umsetzung verkaufen und dann das Ergebnis prüfen. Das machen wir schön im Kreisverkehr. Was die Berater von Prüfungshaus A gebaut haben, wird von Prüfungshaus B kontrolliert und umgekehrt. So wäscht eine Hand die andere und Interessenkonflikte werden zuverlässig vermieden, oder?

Es ist auch nicht wahr, dass die Form der schlanken Regulierung, die da neuerdings aus den USA vorgeschlagen wird, das globale Finanzsystem weniger sicher macht. Wenn man sich die Wirkung unseres bürokratischen Amoklaufes auf die Stabilität des Systems ansieht, so finde ich, sollte man diesem alternativen Vorschlag eine Chance geben und ihn diskutieren. Schlimmer als das, was wir hier in der EU machen, kann es nämlich kaum sein.

In der Zwischenzeit entstehen jenseits der Aufmerksamkeit der Aufsicht neue Risiken, weil die Banken vor lauter Kosten der Compliance nämlich nicht mehr in der Lage sind, in ihr eigentliches Risikomanagement und in ihre veralteten IT-Systeme zu investieren, um sie zum Beispiel gegen die neuen Bedrohungen der Cyberkriminalität zu wappnen. Das hat die Aufsicht bis vor wenigen Monaten komplett verschlafen. Jetzt macht sie dafür umso mehr Dampf, ohne sich selbst vorher die notwendige Infrastruktur und Qualifikation anzueignen. Das macht aber nichts, wir können das ja an die Wirtschaftsprüfer delegieren. Wie die folgenden Kapitel noch zeigen werden, lauern aber noch ganz andere Risiken am Wegesrand, die der Aufmerksamkeit unserer riesigen Aufsichtsapparate komplett entgangen sind.

KAPITEL 4

Geldpolitik, Ungleichheit und Populismus

Geld ist das Barometer der Moral einer Gesellschaft. Wenn Sie sehen, dass Geschäfte nicht mehr freiwillig abgeschlossen werden, sondern unter Zwang; wenn Sie, um etwas zu produzieren, die Erlaubnis von Leuten brauchen, die nichts produzieren; wenn Sie sehen, dass Geld an die fließt, die nicht mit Gütern handeln, sondern mit Gefälligkeiten; wenn Sie sehen, dass Leute eher durch Bestechung und Beziehungen reich werden als durch Arbeit und ihre Gesetze nicht Sie vor diesen Leuten schützen, sondern diese Leute vor Ihnen; und wenn Sie sehen, dass Korruption belohnt wird und Ehrlichkeit zum Opfer wird. Dann wissen Sie, dass Ihre Gesellschaft vor dem Untergang steht.

AYN RAND

Auf welch dünnem Fundament fehlender Professionalität und Analyse der geldpolitische Amoklauf stattfindet, zeigt exemplarisch die komplette Weigerung, die Verteilungswirkung der

Geldpolitik auf Einkommen und Vermögen auch nur zu diskutieren. Das sind Nebenwirkungen, Kollateralschäden in einem Krieg, die eben hinzunehmen sind.

Das beschränkt sich nicht darauf, dass der deutsche Sparer den italienischen Staatshaushalt mit vielen Milliarden Euro subventioniert, denn das Geld, das er für seine Ersparnisse marktwidrig nicht bekommt, spart der italienische Finanzminister marktwidrig bei den Zinskosten für seinen völlig überschuldeten Staat ein.

Ist der Politik eigentlich klar, wen oder was sie damit ganz am Ende der großen Geldpipeline von Frankfurt nach Sizilien subventioniert? Es ist ja nun beileibe keine Neuigkeit, dass Korruption und Vetternwirtschaft in den funktionsunfähigen Strukturen des italienischen Staates südlich von Rom eine der Haupteinnahmequellen des organisierten Verbrechens sind.

Das war einer der Hauptgründe für den Aufstieg der separatistischen Partei Lega Nord in Italien, die den Norden vom Süden Italiens abtrennen will oder es zumindest mal wollte.

Das größte Geldleck des italienischen Staates ist wahrscheinlich nicht mal sein Sozialsystem. Es ist seine Instrumentalisierung für die Korruption. Je größer und intransparenter der Staatsapparat, desto mehr Gelegenheit gibt es, ihn in korrupter Weise anzuzapfen. Den deutschen Sparer zur Kasse zu bitten, um diese Strukturen am Leben zu erhalten, ist daher ein Akt der Korruptionsförderung und so gesehen ein Verrat an den Werten der europäischen Gründerväter. Und das sind die gleichen Leute, die das Bargeld abschaffen wollen unter dem fadenscheinigen Vorwand, Kriminalität und Geldwäsche zu bekämpfen.

Leider muss man feststellen, dass der Führer der geldpolitischen Offensive in der EZB Teil einer längeren Tradition ist. Die Wurzeln der Geldplanwirtschaft reichen weit zurück. Ihre langfristigen Folgeschäden werden jetzt allmählich sichtbar. Das gilt auch für den Dollarraum, den Yen und den Renminbi.

Ich möchte das an dieser Stelle mit einem kurzen Exkurs über die aktuell mit großer Emotionalität geführte Diskussion um die Verteilungsgerechtigkeit demonstrieren. Zunächst darf ich vorausschicken, dass ich überhaupt kein Freund von staatlich verordneter Umverteilung bin. Nicht, weil es mir an einer sozialen Ader mangeln würde, sondern vielmehr, weil die Antriebsfeder der sozialistisch geführten Umverteilungsdebatte nur vordergründig die Gerechtigkeit ist. Es ist für einen Politiker immer leicht und wohlfeil, dem, der viel hat, etwas wegzunehmen und es dem zu geben, der weniger hat. Wohltaten mit dem Geld anderer Leute haben aber entgegen anderslautender Behauptungen keinen besonderen moralischen Wert. Nicht umsonst prägte Winston Churchill das Bonmot, dass ein Sozialist jemand sei, dem irgendwann das Geld anderer Leute ausgehe.

Der Markt, der auf der freien Entscheidung zum Tausch von Gütern und Geld zwischen freien Menschen basiert, schafft in aller Regel eine gerechte Verteilung. Seine Verteilung ist gerecht, weil sie Leistung widerspiegelt und damit Leistungsgerechtigkeit. Der Markt ist daher wenigstens in der Lage, uns eine Definition von Gerechtigkeit zu geben, im Gegensatz zur sozialistischen Verteilungsgerechtigkeit, die sich einer sauberen Definition seit ihrer Sturzgeburt vor 200 Jahren verweigert.

Mehr als ein von Marx und Lenin hingenuscheltes »Jedem nach seinen Bedürfnissen« kam da intellektuell bisher nicht raus. Angesichts unserer Unkenntnis der Bedürfnisse anderer ist das halt nicht nur eine komplette Leerformel, sondern es lädt auch dazu ein, bei der Formulierung und Geltendmachung der eigenen Bedürfnisse auf maximale Lautstärke und sogar Gewalt zu setzen. Das ist der tiefere Grund, warum der Umverteilungsstaat nicht den wirklich Bedürftigen gibt, sondern den besser organisierten Interessengruppen. Das ist vieles, aber sicher nicht »gerecht«.

Von der Leistungsgerechtigkeit weicht der Markt nur ab, wenn er durch Marktunvollkommenheiten oder Eingriffe von außen verzerrt wird.

Und wenn eine Gesellschaft zu der Überzeugung kommt, dass Verteilungsungerechtigkeit herrscht, weil zum Beispiel nicht jeder die gleichen Start- und Bildungschancen hat, dann fragt man sich doch, warum die Umverteilungsmilliarden in Deutschland in den Konsum fließen und nicht in die Schaffung von Bildungschancen für die sozial Schwachen. Dieses Beispiel alleine zeigt schon die ganze Verlogenheit der Verteilungsdebatte.

Was aber an dieser vordergründigen Gutmenschen-Umverteilungsdebatte wirklich ärgerlich ist, ist der Umstand, dass es in Wahrheit eine marktwidrige und damit gegen die Leistungsgerechtigkeit verstoßende Umverteilung von unten nach oben gibt, über die keiner spricht, weil unsere politischen Eliten Angst davor haben, ihre auf Umverteilung basierende Existenzberechtigung zu verlieren, wenn dieser Skandal endlich beim Namen benannt und korrigiert wird.

Die Politik des Stimmenkaufs durch Wohltaten mit anderer Leute Geld fände viel weniger Gehör für eine Umverteilung, wenn nicht marktfremde Eingriffe die massive Folge hätten, dass man dem kleinen Mann, dem Mittelstand und der arbeitenden Bevölkerung in riesigem Umfang Geld wegnimmt und es an eine kleine Gruppe von Reichen schaufelt, die noch nicht einmal etwas im unternehmerischen Sinne produziert.

Dieser Skandal hat seine Wurzeln in der Wechselwirkung von Geldpolitik und Finanzspekulation.

Spekulation ist, auch wenn die meisten Leute es heutzutage als Schimpfwort gebrauchen, etwas intrinsisch Gutes. Kehren wir zum Beispiel des Weizens zurück. Nehmen wir an, Sie gelangen zu der Erkenntnis, dass im nächsten Jahr der Weizen knapp wird. Sie gewinnen diese Einsicht auf Grundlage Ihrer besseren Analyse der Produktions- und Bedarfsverhältnisse und beschließen, von Ihrem Wissen zu profitieren, indem Sie heute schon Weizen kaufen, entweder auf Vorrat oder mithilfe von Finanzinstrumenten wie Kaufoptionen, die es Ihnen erlauben, Weizen im nächsten Jahr zu einem heute schon vereinbarten Preis zu erwerben. Mit anderen Worten: Sie spekulieren auf einen steigenden Preis.

Jetzt können im Prinzip zwei Dinge passieren: Sie behalten recht oder Sie behalten nicht recht.

Wenn der Weizenpreis tatsächlich steigt, können Sie im nächsten Jahr mit Gewinn verkaufen. Ihre Spekulation war erfolgreich, sie »geht auf«. Sie haben jetzt mehr Geld, um mit Ihrer nächsten Spekulation noch mehr Geld zu verdienen. Oder der Weizenpreis steigt nicht, dann verlieren Sie Geld und scheiden aus dem Markt aus. Sie haben dann im nächsten Jahr nicht mehr die Möglichkeit, Ihre fehlerhafte Analyse als Wette am Markt zu platzieren.

Warum ist das etwas Gutes? Weil, wenn Sie recht haben und der Preis im nächsten Jahr aufgrund einer höheren relativen Knappheit steigt, Ihr Kauf den Preis schon ein Jahr früher ein wenig nach oben treibt. Sie ziehen also die Preiserhöhung vor. Dadurch bekommen alle Marktteilnehmer eine wertvolle Information. Der steigende Preis veranlasst sie, in die Produktion von Weizen zu investieren, weil es sich lohnt. Das verhindert oder mildert wenigstens die sich abzeichnende Knappheit im nächsten Jahr. Dass das eine gute Sache ist, muss man nicht weiter erklären.

Wenn Sie unrecht haben, ist es auch gut. Warum? Weil Sie dann durch Ihre Verluste aus dem Markt fliegen. Der Markt bestraft Sie. Die Spekulanten von der anderen Fraktion setzen sich durch. Die, die es richtig gemacht haben, bleiben im Markt und dürfen damit im nächsten Jahr wieder eine Wette abschließen, die hoffentlich eintrifft. Gewinne und Verluste am Spekulationsmarkt führen ständig dazu, dass die Schlechten ausscheiden und die Guten überleben. So schafft der Markt einen Blick in die Zukunft, der bessere wirtschaftliche Entscheidungen erlaubt, die am Ende vielen zugutekommen.

Was aber, wenn schlechte Spekulation nicht mehr bestraft wird? Wenn Spekulanten, die schiefgelegen haben, dauernd durch die göttliche Hand des Staates oder der Notenbank gerettet werden? Dann passieren zwei Dinge: Die Informationsbeschaffung für bessere Spekulationsentscheidungen wird zerstört, weil jeder Honk immer weiter herumwetten darf, auch wenn er keine Ahnung hat. Und die Spekulation wird immer belohnt. Leider ist das genau das, was durch die Geldpolitik betrieben wird.

Die Spekulanten wetten aber nicht auf den Weizenpreis, sondern auf steigende Aktienkurse oder steigende Anleihenkurse.

Jedes Mal, wenn die Kapitalmärkte in Turbulenzen geraten, greifen die Notenbanken mit lockerer Geldpolitik und Zinssenkungen oder seit einigen Jahren mit »Quantitative Easing« ein, fluten die Märkte mit Geld und verhindern so notwendige Bereinigungen. Für die Spekulation ist das eine tolle Sache. Sie kann nämlich nicht mehr schiefliegen. Wer darauf wettet, dass Zentralbanken im Falle des Falles die Märkte »stabilisieren«, liegt seit 50 Jahren immer richtig.

Warum tun die Zentralbanken das? Weil sie eine Aktienmarkt-Crash-Phobie haben. Seit dem Aktiencrash von 1929 und der nachfolgenden Großen Depression (die eigentlich nicht Folge des Aktiencrashs war, weil dieser nur Ausdruck der ohnehin vorhandenen Malaise und die Blase Ergebnis einer vorangegangenen Ausdehnung der Geldmenge war) haben die Zentralbanken die Vorstellung, dass jeder Absturz am Aktienmarkt zwangsläufig in die Große Depression Nummer 2 mündet, wenn sie nicht den mit wedelndem Schwanz wie ein Hündchen um Geld bettelnden schiefgelegenen Spekulanten den goldgepuderten Hintern retten.

Das hat Folgen.

Im Ergebnis haben die Zentralbanken nicht nur ihr geldpolitisches Pulver verschossen. Sie haben ganz nebenbei die vielleicht größte Umverteilung zulasten der sozial Schwächeren der Gesellschaft in der Geschichte der Menschheit betrieben. Eine gigantische Umverteilungsmaschine von unten nach oben, die unbemerkt und daher nicht kritisiert über Jahrzehnte gelaufen ist. Wie kann man sich diesen Mechanismus vorstellen?

Es gibt einen Kreislauf, eine Art Feedbackschleife zwischen den Entwicklungen an den Kapitalmärkten und dem Handeln der

Zentralbanken. Um ihn zu beschreiben, fangen wir einfach mit einer Situation an, in der die Zentralbank durch eine lockere Geldpolitik die Investoren dazu verleitet hat, übermäßige Risiken einzugehen und – all together now! – eine spekulative Blase zu schaffen. Irgendwann wird die Blase instabil und die Märkte fangen an, in Turbulenzen zu geraten. Das wäre der geeignete Zeitpunkt für eine Bereinigung. Spekulanten, die falschgelegen haben und beim Ende der Musik für unsere kleine »Reise nach Jerusalem« noch nicht auf einem Stuhl sitzen, verlieren ihr eingesetztes Geld und scheiden aus. Punkt, Amen, Ende.

So läuft es aber nicht, weil die Zentralbanken sich bei der ersten kräftigen Erschütterung des Aktien- oder Anleihenmarktes zur Krisensitzung in ihre Elfenbeintürme zurückziehen und nach ungefähr ein bis zwei Sekunden Nachdenken entscheiden, dass hier die Gefahr einer gesamtwirtschaftlichen Instabilität droht und die Geldpolitik lockerer werden muss. Es werden die Zinsen gesenkt, die Geldmenge erhöht, der Kreditkreislauf angeheizt. Der Markt stabilisiert sich und die Blasen wachsen munter weiter. Bis zur nächsten Markterschütterung, bei der das Spiel von vorne beginnt.

Die Zentralbanken kümmern sich nicht mehr in erster Linie um die Versorgung der Wirtschaft mit wertstabilem Geld, sondern in immer größerem Maße um die »Beruhigung« der Finanzmärkte. Klar, dass zwischen zwei Krisen an der Börse die Zinsen nicht erhöht werden, denn das könnte ja die Krise zurückholen. So sinkt das Zinsniveau immer weiter ab. Und dann kam nach dem Kollaps von Lehman 2008 der Punkt, an dem die Senkung der Zinsen nicht mehr möglich war, weil man sich der Nulllinie näherte. Man erfand dann neue »unkonventionelle Maßnahmen« der Geldpolitik, um das Karussell am Laufen zu halten.

Das Ergebnis ist, dass mittlerweile der größte Teil des umlaufenden Geldes im Spekulationskreislauf fließt, nur noch ca. 10 Prozent befinden sich im realwirtschaftlichen Kreislauf. Die Spekulanten werden bei dieser Politik risikolos immer reicher, und zwar mit einem Wachstum des Einkommens, das höher liegt als das Wachstum des Bruttosozialprodukts. Und wenn eine kleine Gruppe einen immer größeren Teil des Kuchens bekommt und dieser Teil auch schneller wächst als der Kuchen insgesamt, dann hat das Auswirkungen auf die Verteilung von Einkommen und Vermögen in einer Volkswirtschaft. Einer muss die Zeche zahlen, und das ist der »kleine Mann«, Otto Normalverbraucher oder John Smith.

Es gibt viele Mechanismen, wie diese Umverteilung stattfinden kann. Sie sind im Voraus schwer zu prognostizieren, aber ein Blick auf die Lebenswirklichkeit des Mittelstandes zum Beispiel in den USA zeigt, warum dieser sich dort vom Fortschritt abgehängt und abgekoppelt fühlen muss. Vergleichen wir doch mal das »gefühlte« Leben einer amerikanischen Familie 1966 und 2016. Dazwischen liegen 50 Jahre.

1966 arbeitet Papa bei Ford, General Motors, Texaco oder General Electric, kommt abends um 6 Uhr nach Hause in ein Eigenheim, das er sich leisten kann. Vor der Tür steht ein Gas-Guzzler, der 25 Liter säuft, aber das ist nicht schlimm, denn der Liter kostet 10 Cent. Mama muss nicht arbeiten und kümmert sich um die drei Kinder, ihre Schule, das Essen und was sonst so in Haus und Garten anfällt. Wie wir aus den alten 6oer-Spielfilmen wissen, sieht sie dabei auch noch blendend aus. Die Kinder werden studieren, und das Studium ist auch bezahlbar, um die Rente kümmert sich das Unternehmen. Fein.

2016 arbeiten beide, kommen um 20 Uhr nach Hause, um ihre 1,5 Kinder zu Bett zu bringen, der Pickup läuft auf Kredit, das Haus war im Boom zu teuer gekauft und ist jetzt nur noch die Hälfte wert, das Studium an einer guten Uni ist ohne Stipendium ein Wunschtraum, weil sich die Gebühren seit 1966 verzwanzigfacht haben und mit einem Ferienjob nicht mehr finanzierbar sind. Die Rente hat irgendein Fonds mit verbrieften Wertpapieren verzockt und das Unternehmen verlagert die Arbeitsplätze mit steigender Geschwindigkeit nach Mexiko und China. Der Mittelstand fühlt sich zu Recht abgehängt, und das, obwohl sich in diesen 50 Jahren das Bruttosozialprodukt fast verdreifacht hat.

Die Wohlstandsumverteilung ist real. Verdeckt wird sie durch die Konstruktion des Konsumentenpreisindex, mit dem die Inflation gemessen wird. Da ist einiges drin, Benzin, Gemüse, Fleisch, Eier, Butter, sogar Miete. Was ist nicht drin? Der Hauskauf, das Studium der Kinder, die Kosten der dauernden Umzüge, weil die Fabrik schließt und die ganze Familie mobil sein muss, damit beide Eltern einen Job haben – oder zwei Jobs.

Und selbst wenn man dem verzerrt ermittelten Index der Konsumentenpreise Glauben schenkt und ihn für repräsentativ hält, ist das Einkommen der amerikanischen Mittelschicht in den letzten 25 Jahren um 10 Prozent gesunken.

Und dann wundert man sich in Europa, dass ein Kandidat mit populistischem Programm die Wahl gewinnt. Aufwachen, bitte! In Europa sind dank der EZB die gleichen ökonomischen Wirkkräfte am Werk, nur zeitverzögert. Die Planwirtschaft des Geldes ist daher vor allem auch eins: unsozial. Sie ist ein marktfremder Eingriff in das freie Spiel der Kräfte, das den kleinen Leuten Wohlstand wegnimmt und ihn den Reichen gibt.

Sie untergräbt die Leistungsgerechtigkeit.

Am Ende sind aber doch alle im Ruin wieder vereint. Aber vorher bekommt angesichts der ruinösen Verteilungswirkungen der Geldpolitik auch Europa noch seinen Trump, oder genauer: mehrere kleine Trumps.

PS: Konnte man noch unterstellen, dass die Zentralbanken diesen – zugegebenermaßen komplexen und sehr langfristigen – Mechanismus einfach nicht verstanden haben, ist der transalpine Umverteilungseffekt des Draghi-Programms gewollt und geplant. Der Riesenstaubsauger, den unser italienischer Zentralbankpräsident über die Alpen nach Deutschland gelegt hat, ist eine direkte Enteignung der Sparer aus den Ländern mit Spar- und Handelsbilanzüberschüssen (Deutschland, Holland) zugunsten der italienischen Staatskasse im Umfang von vielen zig Milliarden Euro pro Jahr.

Jeder weiß das, und dennoch wird es als Nebenwirkung abgetan, die notwendig sei, um die Inflation an die »Zielmarke von knapp 2 Prozent« heranzuführen. In Wahrheit ist der angebliche Fetisch einer positiven Inflation von 2 Prozent nur eine Nebelkerze für die eigentlich beabsichtigte Besteuerung des deutschen Sparers im Rahmen einer durch die Hintertüre eingeführten Transferunion.

Die Bundesregierung sitzt daneben und schaut schweigend zu, weil die Gewinne, die diese Politik auch ihr ins Haus spült, die Zinsrechnung des deutschen Finanzministers ebenfalls senken und so das Projekt »schwarze Null« ermöglichen. Nur dass die schwarze Null in Wahrheit gar nicht existiert. Sie ist eine Fata Morgana, erzeugt durch die Dampfschwaden der verzerrten Wahrnehmung eines marktfremden Zinses.

Erkauft wird sie durch Risikokosten außerhalb der offiziellen Bilanz des Bundeshaushaltes, die uns in Kapitel 7 noch beschäftigen werden und die aus Deutschland mittlerweile den größten Hedgefonds der Welt gemacht haben. Ein Hedgefonds, dessen Zockerei alles in den Schatten stellt, was »gierige Investmentbanker und Spekulanten« je auf die Beine gestellt haben.

Die gigantische und jeder Gerechtigkeit Hohn sprechende Umverteilung ist nur einer der negativen Effekte einer entgleisten und missbräuchlichen Geldpolitik. Nebenbei zerstören wir die Grundlagen des Wirtschaftswachstums, des Produktivitätsfortschritts, des Kreditwesens und der Altersversorgung. Aber darauf werden wir in den folgenden Kapiteln noch zurückkommen.

KAPITEL 5

Stresstest oder: Die Illusion der Sicherheit

Ist es auch Wahnsinn, so hat es doch Methode.

WILLIAM SHAKESPEARE, HAMLET

Eine der wesentlichsten Einsichten, die Öffentlichkeit, Politik und Wissenschaft aus der Krise seit 2007 gewinnen konnten, war die Tatsache, dass systemische Risiken nicht nur theoretischer Natur sind, sondern wirklich existieren. Systemische Risiken zeichnen sich, wie der Name schon sagt, dadurch aus, dass ihr Eintreten unser gesamtes Finanz- und Wirtschaftssystem zum Einsturz bringen kann.

Vor den Ereignissen von 2007 war ein solches Risiko zuletzt im Rahmen der Weltwirtschaftskrise von 1929 bis 1933 schlagend geworden. Bereits diese Krise war die Folge einer fehlgeleiteten und von Hybris und Größenwahn erfassten Geldpolitik. Im Vorfeld des Crashs von 1929 hatte man, um Ungleichgewichte, die unter anderem aus dem ökonomisch schwachsinnigen Versailler Vertrag resultierten, zu akkommodieren, eine sehr lockere, expansive Geldpolitik betrieben und dabei die Geldmenge im Dollarraum kräftig ausgedehnt.

In der Folge stiegen die Preise von Aktien und Immobilien in einer gigantischen Blase irrationalen Überschwangs in fantastische Höhen. Sparer, Fonds und Hausfrauen schichteten in der Erwartung schnellen Reichtums ihre Spargroschen auf dem Höhepunkt der Hausse in Aktien um. Der Begriff von der Hausfrauenhausse war geboren. Seitdem ist es ein sicheres Zeichen für das baldige Platzen einer solchen Blase, wenn Mode- und Frauenzeitschriften anfangen, über Aktieninvestments zu schreiben.

Als im Herbst 1929 deutlich wurde, dass die sich selbst nährende Kauforgie an ihr Ende kommen musste, flüchteten die Anleger in heller Panik aus dem Markt und lösten am 25. Oktober den Kurssturz des Schwarzen Freitags aus. Die Politik, die damals durch ihre erste Welle der Gläubigkeit an die Kraft staatlicher Intervention und gesamtwirtschaftlicher Planung ging, machte dann in der Folge so ziemlich alles falsch, was man falsch machen konnte. Statt den Marktkräften die Bereinigung zu überlassen, wie man das erfolgreich bei einem Crash nur acht Jahre zuvor im Jahre 1921 getan hatte, überbot man sich in staatlichem Interventionismus, dessen Höhepunkt der sogenannte »New Deal« im Jahr 1933 war. Dieser trägt seinen guten Ruf heute völlig zu Unrecht, denn er hat durch extreme Steuererhöhungen, das Verbot privaten Goldbesitzes und andere sozialistische Experimente die Wirtschaft erst richtig abgewürgt und aus einer großen Rezession die Große Depression gemacht.

Es ist ein spektakuläres Bravourstück staatlicher und sozialistischer Propaganda, den »New Deal« von diesem Versagen reingewaschen zu haben und der Welt vorzugaukeln, dass er die Depression verkürzt oder gar geheilt habe. Aber dazu gibt es andere Bücher liberaler Ökonomen, die das im Detail aufklären.

1931 kam es dann mit der Pleite der Wiener Kreditanstalt zum Bankencrash. Die Verflechtung der Banken untereinander durch Kredit- und Zahlungsbeziehungen sorgte dafür, dass sich dieser Schock ordentlich durch das Finanzsystem fortpflanzte. 2007 war das alles über 70 Jahre her. Das systemische Schockrisiko kannten die letzten drei Generationen von Ökonomen nur noch aus den Lehrbüchern über Wirtschaftsgeschichte, aber nicht mehr aus eigener Anschauung. Ein Netz scheinbar unverwundbarer Institutionen vom Weltwährungsfonds über die Weltbank bis zu nationalen und internationalen Sicherungseinrichtungen für Banken und Sparer und die implizite oder explizite Bestandsgarantie für Banken durch die Regierungen ließen die Möglichkeit einer systemischen Krise wie ein Gespenst aus grauer Vorzeit erscheinen. Theoretisch möglich, aber eigentlich was für Spinner.

2008 änderte sich das mit der Pleite der Lehman Bank schlagartig.

Wie sich das entfaltete und welche komplexen Wechselwirkungen zwischen Politik, Banken, Investmentbanken, Ratingagenturen, Investoren und Aufsicht das Desaster möglich gemacht haben, wurde bereits 2013 in meinem Buch *Verzockte Freiheit* ausführlich dargelegt. Das soll hier nicht wiederholt werden.

Damals war aber bereits klar, dass sich Politik und Aufsicht – nicht zu Unrecht – mit dem Problem des »too big to fail« auseinandersetzen mussten. Man hatte erkannt, dass Banken, wenn sie eine gewisse Größe erreichen, den Staat und damit den Steuerzahler erpressbar machen. Man kann sie nicht pleitegehen lassen, ohne dass die gesamte Wirtschaft und damit auch alle, die die Fehler der fallierten Bank nicht zu vertreten haben, massiv in Mitleidenschaft gezogen werden. Große Banken sind über Kredite, Interbankengeschäft, Derivate und Zahlungsverkehr in einer solchen Weise untereinander und mit der Gesamtwirtschaft verwoben, dass ihr plötzlicher Ausfall zu enormen Verwerfungen führt. So machte man sich daran, das Problem des »too big to fail« politisch und regulatorisch anzugehen.

Man hatte dabei – auch richtig! – erkannt, dass das Problem nur durch drei Hebel adressiert werden kann, von denen man aber nur zwei nutzen wollte.

Hebel 1: Die Banken kleiner machen, also große Banken in kleinere zerlegen oder sie schrumpfen. Das ist organisatorisch und rechtlich sehr schwierig umzusetzen. Außerdem steht es im Widerspruch zur größenwahnsinnigen Überzeugung von Politikern wie Bankmanagern, dass man »nationale Champions« brauche.

Hebel 2: Die Banken zwingen, mehr Eigenkapital vorzuhalten, um ihre Risikotragfähigkeit zu erhöhen. Das hat man in mehreren Schritten getan, vor allem im Rahmen der sogenannten Basel-III-Regeln. Dabei hat man auch Regeln eingeführt, die besonders große und damit für die Sicherheit des Gesamtsystems relevante Banken mit einem Extra-Aufschlag beim Mindestkapital versehen. Das ist im Grunde eine Art Besteuerung der impliziten Staatsgarantie, die diese Institute dank ihrer Größe genießen.

Hebel 3: Den Versuch zu unternehmen, die Risiken der Banken transparenter zu machen und besser zu verstehen, mit dem Ziel sicherzustellen, dass Banken sich bei der Hereinnahme von Risiken nicht zu weit aus dem Fenster lehnen. Um das zu erreichen, hat man den Banken eine riesige Woge »aufsichtsrechtlichen Berichtswesens« auferlegt, über deren Sinn und Zielerreichung bereits Kapitel 3 einige Ausführungen gemacht hat.

Es ist unschwer einzusehen, dass diese drei Hebel jedenfalls im Prinzip geeignet sind, das Problem des »too big to fail« zu mindern, wenn man sie ordentlich ausführt. Ebenso leicht ist es aber auch einzusehen, dass die Hebel 2 und 3 nur dann bei der Bewältigung des Problems erfolgreich eingesetzt werden können, wenn sie beide gleichzeitig sauber umgesetzt werden. Es ist vollkommen sinnlos, den Banken eine beliebig hohe Kapitalquote aufzuerlegen, wenn man mangels Risikotransparenz nicht weiß, ob das in der Bilanz ausgewiesene Kapital überhaupt noch da ist und ob die Risiken nicht vielleicht doch so groß sind, dass auch das erhöhte Kapital beim geringsten lauen Lüftchen an den Märkten sofort aufgezehrt wird.

Umgekehrt nützt uns die Transparenz des Risikos nur wenig, wenn den erkannten Risiken keine Risikotragfähigkeit und kein Puffer in Form von Eigenmitteln entgegenstehen. Die beiden Hebel bedingen sich also gegenseitig. Und während man beim Kapital einigermaßen erfolgreich zu sein schien, ist das bei der Transparenz der Risiken in den Banken nicht ansatzweise gelungen. Das Ergebnis ist, dass wir heute zwar scheinbar deutlich mehr Eigenkapital in den Bankbilanzen sehen, aber dass dieses Kapital, wenn man Risikotransparenz hätte, mit hoher Wahrscheinlichkeit schon gar nicht mehr dort stünde.

Beispielhaft für das gescheiterte Bemühen um Transparenz sind die Stresstests, die man mit Fug und Recht als die Potemkinschen Dörfer der europäischen Bankenaufsicht bezeichnen kann.

Sie sind ein wesentlicher Baustein des aufsichtsrechtlichen Berichtswesens. Stresstests werden in regelmäßigen Abständen von der EBA, der »European Banking Authority«, und dem SSM, dem »Single Supervisory Mechanism«, also der der EZB angegliederten Aufsicht über die 126 größten Banken Europas, durchgeführt.

Bei einem Stresstest macht man etwas im Prinzip sehr Einfaches: Man denkt sich eine Situation aus, die für eine Bank erhebliche Verluste bei Wertpapieren, steigende Kosten und/oder Kreditverluste im Portfolio der Bank auslösen würde (»Stress-Szenario«) und versucht dann auszurechnen, wie hoch diese Verluste sein werden und ob die Bank genug Eigenkapital hat, um sie unbeschadet zu überstehen.

Im Prinzip ist das keine schlechte Idee. Eine gut geführte Bank mit einem ordentlichen Risikomanagement sollte das aus eigenem Antrieb machen, um sich selbst professionell zu managen und zu steuern. So gesehen war es auch keine schlechte Idee, dass EBA und SSM einen solchen großen Stresstest zum Start der Übernahme der Aufsicht durch den SSM aufgelegt haben.

Der SSM und seine »Mutter«, die EZB, hätten allerdings Vorsicht dabei walten lassen sollen, die intellektuelle Führerschaft bei diesem Unterfangen der EBA zu überlassen. Dazu muss man wissen, dass die EBA bereits zuvor zwei derartige Tests in Europa mit absolut desaströsen Ergebnissen, was die Vorhersagekraft der Ergebnisse betraf, durchgeführt hatte. Keine einzige der Krisenbanken, die kurz nach diesen beiden Tests die Märkte erschütterten, hatte die EBA auf Grundlage ihrer Ergebnisse vorausgesehen. Ihnen allen war beste Gesundheit bescheinigt worden.

Wenn man zweimal Mist baut und dann denkt, dass man es beim dritten Mal wieder genauso machen sollte, dann trifft man präzise Albert Einsteins Definition von Wahnsinn, nämlich zu erwarten, dass etwas anderes dabei herauskommt, wenn man immer wieder das Gleiche macht. Das gilt übrigens wohl auch für die Geldpolitik im größeren Rahmen, nicht nur für die von der EZB zu verantwortenden Stresstests.

Genau das machte man aber beim dritten und größten Stresstest.

Und weil es so ein schönes Lehrbeispiel der Arroganz der Macht der beteiligten Institutionen ist, lohnt es sich, etwas genauer hinzusehen, was dabei schiefgelaufen ist. Dafür müssen wir uns leider ein klein wenig damit auseinandersetzen, wie so ein Stresstest technisch durchgeführt wird. Ich verspreche Ihnen aber, dass es trotzdem verständlich bleiben und nicht langweilig werden wird.

Eine Bank lebt davon, dass sie bestimmte Risiken eingeht. Es ist nicht ihre Aufgabe, Risiken auf jeden Fall zu vermeiden, sondern sich für das Eingehen von Risiken bezahlen zu lassen und dabei darauf zu achten, dass sie sich nicht übernimmt. Das ist seit jeher das Geschäftsmodell von Banken.

Es gibt in der Hauptsache drei Arten von Risiken, die Banken dabei eingehen: Kreditrisiken, Marktrisiken und sogenannte operative Risiken. Etwas vereinfacht kann man diese Risiken wie folgt beschreiben:

Kreditrisiko besteht darin, dass die Bank jemandem Geld leiht und der es nicht zurückzahlt, weil er nicht will oder kann.

Marktrisiko kommt zustande, wenn die Bank Wertpapiere kauft, deren Wert im Laufe der Zeit schwankt, also auch fallen kann und so Verluste erzeugt.

Operative Risiken entstehen, wenn die Geschäftsprozesse der Bank aus irgendeinem Grund versagen und das kostspielige Folgen hat. Darunter fallen so unterschiedliche Dinge wie Versagen des IT-Systems durch technische Fehler, Hacking, Fehler bei der Einhaltung gesetzlicher Vorschriften (was eine Prozesswoge kostet, konnte man in den letzten Jahren anschaulich bei der Deutschen Bank beobachten) oder Fehler bei der Buchführung. Sie sehen, hier packen wir einfach alles rein, was sich nicht aus dem eigentlichen Geschäft der Bank ergibt, Kredite zu vergeben, Einlagen anzunehmen oder Wertpapiere zu kaufen und zu handeln.

Für eine typische Geschäftsbank (nicht so bei einer Investmentbank) macht das Kreditrisiko 70 bis 80 Prozent des gesamten Risikos aus, das die Bank trägt. Wer das Kreditrisiko einer Bank verstanden hat, hat deshalb im Großen und Ganzen einen guten Einblick in die Frage, ob die Bank im Vergleich zu ihrem Kapitalpuffer zu viele Risiken im Buch hat. Und das ist ja genau die Frage, die der Stresstest beantworten soll.

Wenn wir nun verstehen wollen, wie ein Stresstest funktioniert, dann ist es daher ganz fundamental, eine Idee davon zu haben, wie sich das Kreditrisiko einer Bank in einer Stresssituation verändert. Dazu muss man zunächst mal wissen, wie Kreditrisiko nach heutigem Stand der Technik gemessen wird. Für einen einzelnen Kredit ist die entscheidende Messzahl seines Risikos der sogenannte erwartete Verlust. Diese Kennzahl ist statistischer Natur und macht eine Aussage darüber, wie viel Geld ich im Schnitt verliere, wenn ich ganz viele Kredite gleicher Art und gleichen Risikos vergebe.

Der erwartete Verlust wiederum setzt sich zusammen aus drei Komponenten:

Die Wahrscheinlichkeit, dass ein Kreditnehmer zahlungsunfähig wird. Sie wird in der Regel ermittelt mithilfe von statistischen Ratingverfahren, bei denen bekannte Finanzdaten und andere Indikatoren über die Kreditwürdigkeit des Kunden in einem mathematischen Algorithmus verarbeitet und durch den Vergleich mit früheren Kreditausfällen in eine Wahrscheinlichkeit umgerechnet werden. Die sich ergebende Kennzahl heißt »Ausfallwahrscheinlichkeit«.

Der Verlust im Verzugsfall, also wie viel von dem geliehenen Geld die Bank abschreiben muss, wenn es knallt. Das hat in der Regel etwas mit den Sicherheiten zu tun. Die angestrebte Minimierung dieser Zahl ist der Grund, warum Sie Ihr Haus verpfänden müssen, wenn Sie eine Baufinanzierung von Ihrer Bank bekommen wollen. Wenn Sie sich 100.000 Euro leihen und ausfallen, und das Haus bei der Zwangsversteigerung noch 90.000 Euro Erlös bringt, verliert die Bank dann eben nur 10.000 Euro, und nicht die ganzen 100.000.

Der Schuldenstand beim Eintritt der Pleite, also der Betrag, den der Kreditnehmer der Bank noch schuldet, wenn es knirscht.

Diese drei kann man durch Ausmultiplizieren miteinander verknüpfen, um so den erwarteten Verlust jedes Kreditengagements einer Bank zu bekommen. Nehmen wir zum Beispiel einen Häuslebauer-Kredit von 200.000 Euro. Der Hauseigentümer hat aufgrund seiner Finanzdaten wie Einkommen, monatliche Aufwendungen, Alter, Beruf und so weiter eine Wahrscheinlichkeit der Zahlungsunfähigkeit von z. B. 5 Prozent. Das Haus hat einen Wert von 240.000 Euro, aber nach aller Erfahrung wird es im Falle einer Zwangsversteigerung nur zwei Drittel davon erzielen, also 160.000 Euro, und der Schuldenstand soll bei Eintritt der Zahlungsprobleme noch bei 200.000 Euro liegen, so wird die Bank mit einer Wahrscheinlichkeit von 5 Prozent den Betrag von 40.000 (200.000 – 160.000) Euro verlieren, also 2.000 Euro. In Prozent der Kreditsumme sind 2.000 Euro 1 Prozent von 200.000 Euro.

Der erwartete Verlust beträgt also 1 Prozent. Die Bank muss diesen erwarteten Verlust in die Zinsspanne des Kredits einkalkulieren, will sie nicht in eine Situation geraten, bei der ihre Kreditverluste ihr Einkommen aus Zinsüberschüssen übersteigen.

Nun ist es natürlich nicht so, dass ich an jedem Kredit dieser Art 1 Prozent verliere. Aber wenn ich 10.000 Kredite mit einem erwarteten Verlust von 1 Prozent vergeben habe und jeder Kredit eine Summe von 100.000 Euro umfasst, dann kann ich damit ausrechnen, wie viel Kreditverluste, ich in diesem Portfolio zu erwarten habe. In diesem Fall 10.000 x 100.000 x 1 Prozent. Das entspricht einer Kreditsumme von 1 Milliarde Euro, davon werde ich voraussichtlich 1 Prozent, also etwa 10 Millionen Euro, verlieren. Das läppert sich also.

Sie sehen, Kredit ist nicht so schwierig. Man kommt mit den Grundrechenarten aus, wenn man erst mal ein paar Systeme hat, die einem die Finanzkennzahlen des Kreditnehmers in die Wahrscheinlichkeit der Zahlungsunfähigkeit übersetzt haben.

Allerdings liegt an dieser Stelle auch die erste Krux unseres Stresstests. Stellen Sie sich vor, wir befinden uns in einer Phase der Hochkonjunktur. Die Wirtschaft wächst, die Arbeitslosigkeit ist niedrig, die Zinsen sind noch nicht stark angezogen, weil sich die Inflation noch im Zaum hält. Die Preise für Häuser steigen, weil Wohlstand Nachfrage nach Wohnraum schafft. In so einer Situation ist es leicht erkennbar, dass das Risiko einer Bank, in den nächsten zwölf Monaten Geld in einem Häuslebauer-Kredit zu verlieren, gering ist. Unser Eigentümer wird wohl nur mit geringer Wahrscheinlichkeit arbeitslos (was einer der Haupttreiber von Zahlungsausfällen bei Privatkundenkrediten ist), und falls der unwahrscheinliche Fall doch eintritt, sorgt die große Nachfrage nach Häusern dafür, dass der Verkaufserlös hoch wird und der Verlust der Bank klein bleibt.

Was aber passiert, wenn die Konjunktur kippt? Wenn die Wirtschaft plötzlich schrumpft, die Arbeitslosenzahlen nach oben gehen, verfügbare Einkommen sinken, die Zentralbank gerade die Zinsen angehoben hat, um die Blase am Immobilienmarkt zu zähmen, und die Preise ins Rutschen kommen?

Dann sieht es gleich ganz anders aus.

Das Problem dabei ist aber nicht, dass man die Richtungsänderung erkennt, das kann jeder Laie. Das Problem ist es, auszurechnen, was das ganz genau für die zu erwartenden Kreditausfälle einer Bank und ihre Schwankungsbreite bedeutet. Denn diese beiden Größen entscheiden darüber, wie viel Kapital die Bank in der Krise verliert und wie viel sie in der Krise noch als Puffer braucht, um nicht selbst zu einem Pleitekandidaten zu werden und dem Steuerzahler zur Last zu fallen oder zum Systemrisiko zu mutieren.

Dafür muss man zwei Dinge messen können. Die Änderung der Ausfallwahrscheinlichkeiten für jeden Kreditnehmer in Abhängigkeit vom gesamtwirtschaftlichen Szenario und die Änderung der Marktwerte von Sicherheiten, die der Bank vom Kreditnehmer gestellt worden sind. Wir konzentrieren uns hier auf den ersten Teil, die Änderung von Ausfallwahrscheinlichkeiten.

Und ab hier wird es ein wenig kompliziert. Sie werden gleich eine Ahnung davon bekommen, wie kompliziert.

Man kann es trotzdem einfach erklären.

Es führt leider an dieser Stelle kein Weg daran vorbei, Sie mit dem Konzept der Migrations**matrix** vertraut zu machen. Und wie in dem bekannten Film *Matrix* müssen Sie sich dann entscheiden, die rote Pille zu nehmen. Ich begrüße Sie dann gleich auf der anderen Seite mit dem Satz »Willkommen in der wirklichen Welt«.

Sie können sich auch entscheiden, die blaue Pille zu nehmen. In dem Fall leben Sie weiterhin in der scheinbar heilen Welt, die unsere geldpolitischen Institutionen und Bankaufsichtsbehörden für Sie und alle anderen Wirtschaftssubjekte geschaffen haben, um sie zu beruhigen, einzulullen und auf den »Weg in die Knechtschaft« (von Hayek) zu schicken. Wenn Ihnen das lieber ist, springen Sie einfach zum Epilog oder legen Sie diese subversiven aufklärerischen Zeilen am besten gleich beiseite.

Was also ist die Migrationsmatrix? Sie ist eine Tabelle, die nur in der Vorstellung des Systems existiert, jedenfalls in der Form, in der sie von der EZB für den Stresstest benutzt wird. Stellen

Sie sich Folgendes vor: Sie sind ein Kreditnehmer mit einem Rating, und Ihre Ausfallwahrscheinlichkeit beträgt 3 Prozent im Laufe der nächsten 12 Monate.

Wie hoch wird Ihre Ausfallwahrscheinlichkeit in einem Jahr sein? Sie könnte auf 1 Prozent sinken, sie könnte auch auf 5 Prozent steigen. Sie kann eigentlich jeden Wert zwischen 0,01 Prozent (AAA-Rating) und 15 Prozent (CCC-Rating) oder auch D (Default, also Pleite) annehmen. Das tut sie für jeden Wert mit einer gewissen Wahrscheinlichkeit, die sich zu 100 Prozent aufsummiert (weil man sicher sein kann, dass irgendein Wert in der Reihe sich einstellen wird).

Wenn Sie nun als Bank eine Ratingtabelle haben, die aus, sagen wir mal, drei Stufen besteht, dann könnte sich das nach einem Jahr wie folgt verteilen: Die bisherige Stufe 2 ist in 12 Monaten mit einer Wahrscheinlichkeit von 5 Prozent Stufe 1, mit einer Wahrscheinlichkeit von 80 Prozent Stufe 2 (also unverändert), mit einer Wahrscheinlichkeit von 10 Prozent Stufe 3 und mit einer Wahrscheinlichkeit von 5 Prozent ausgefallen, tot, platt, abgewickelt.

Genau so eine Tabelle gibt es auch für die Stufen 1 und 3. Um also zu beschreiben, wie sich ein Portfolio von Krediten, das auf alle drei Stufen verteilt ist, entwickelt, hat man drei Listen von je vier Wahrscheinlichkeiten, die zusammen eine Tabelle von drei Zeilen und vier Spalten ergeben. Diese Tabelle ist die Matrix, also ich meine die Migrationsmatrix.

In der Realität sind es aber nicht drei Stufen, die ein typisches bankinternes Ratingsystem hat und in die alle Kreditnehmer hineinklassifiziert werden, sondern es sind 15 bis 20 und dazu die Ausfallbewertung D wie »Default« (Englisch für Ausfall).

Unsere Matrix wird also jetzt ein wenig größer, sie beträgt nunmehr 20 Spalten mal 21 Zeilen, also 420 Zellen.

Um diese Wahrscheinlichkeiten messen zu können, beobachten Sie einfach über einen gewissen Zeitraum, wie sich die Ratings in einem Kreditportfolio verändern, wenn man sie einmal im Jahr neu berechnet. Haben Sie genug Datenpunkte gesammelt, kristallisiert sich hoffentlich irgendwann ein Bild der Wahrscheinlichkeiten in der Migrationsmatrix heraus.

So schön, so einfach, so gut. Hörte sich bei langsamem und genauem Lesen logisch an, oder? Das hört sich doch so an, als hätten wir mit dieser Matrix ein wunderbares Instrument, um herauszufinden, wie sich Ratings über die Zeit verändern und damit auch auf Stress reagieren. So denken auch EZB und EBA. Nur, dass sie ihr Vorgehen nicht so nennen. Inhaltlich ist es aber genau das.

Das Problem ist allerdings, dass die Matrix nicht unveränderlich ist. Wie Sie sich angesichts der oben gemachten Ausführungen vorstellen können, ist es ein Unterschied, ob wir in den zwölf Monaten, die zwischen den beiden Ratings liegen, von einem Boom in eine Rezession gerutscht sind oder umgekehrt. Oder ob wir von einer Rezession in eine Depression abgestürzt sind. Oder ob alles gleich geblieben ist. Oder ob dabei der Ölpreis gefallen oder gestiegen ist, oder was die Zinsen in der Zwischenzeit getan haben, ob der Staat die Steuern gesenkt oder erhöht hat, wie stark sich die Arbeitslosigkeit entwickelt hat und der Export. Die Liste können Sie beliebig erweitern. Diese Liste ist leider sehr relevant. Denn wenn Sie einen Stresstest machen, dann müssen Sie zuallererst mal eines tun: Festlegen, wie groß der Stress ist und wie er sich genau darstellt. Ist der Stress eine Zinserhöhung von 2 Prozent auf 5 Prozent? Oder ist es ein Absturz des Wirtschaftswachstums von plus 2 Prozent auf minus 2 Prozent? Oder ist es ein Anstieg des Ölpreises von 50 auf 120 Dollar? Oder alle drei Punkte zusammen?

Das heißt: Sie erfinden ein Szenario, und dann müssen Sie fragen, wie die Migrationsmatrix in diesem Szenario aussieht.

Es gibt aber leider eine unvorstellbar große Zahl möglicher Szenarien. Es gibt außerdem nicht nur eine Migrationsmatrix für jedes Szenario, sondern sie sieht anders aus, je nachdem, in welchem Kreditsegment Sie sich bewegen, ob das Häuslebauer sind oder Firmenkunden, große multinationale Konzerne oder Projektentwickler im Immobilienbereich, Schiffsfinanzierungen oder Infrastrukturprojekte, ob Sie in Deutschland sind oder in Italien oder ganz woanders. Es gibt auch Industrien, die verhalten sich antizyklisch. Sie blühen in der Krise auf. Wie erfassen Sie das?

Dabei genügt es nicht, für eine Bank die verschiedenen Matrizen in ihrem Heimatland zu kennen. Nein, man braucht sie für jedes Kreditsegment in jedem Land, in dem die Bank tätig ist. Und man braucht sie genau genommen für jedes Szenario, weil es ja gerade darum geht, die Wirkung des Szenarios auf die Kreditwürdigkeit jedes einzelnen Kreditnehmers in jedem einzelnen Portfolio messen zu können. Diese speziellen Migrationsmatrizen nennt man bedingte Matrizen, weil sie von den Bedingungen der einzelnen Szenarien bestimmt werden.

Nehmen wir uns das mal am Beispiel einer europäischen Großbank zu Herzen, die in der ganzen EU arbeitet und außerdem noch in 40 Ländern außerhalb Europas. Sie bedient im Durchschnitt in jedem dieser Märkte sieben Kreditsegmente (von etwa 15 bis 20, die es gibt und die eigene Risikobewertungsverfahren benötigen) und hat ein Ratingsystem mit 20 Stufen. Der Stresstest, dem sie ihr Kreditportfolio unterzieht, wird bestimmt durch einen Satz von sieben makroökonomischen Kennzahlen, nämlich Wirtschaftswachstum, Inflation, Ölpreis, Zins für Interbankengeld, Zins für zehnjährige Staatsanleihen, Haushaltsdefizit des Staates in Prozent der Wirtschaftsleistung und Handelsbilanzüberschuss bzw. -defizit.

Diese sieben Kennzahlen werden von einem Bürokraten bei der EZB oder der EBA nach eigenem Gutdünken zu Szenarien kombiniert, bei denen wir – zur Vereinfachung! – annehmen wollen, dass sie nur je zehn mögliche Werte annehmen können. Also der Ölpreis kann 20 Dollar betragen, 30, 40, usw., aber nicht 205 oder 25.

Wenn sieben Kennzahlen je zehn mögliche Werte annehmen können, dann ergeben sich 10 hoch 7, also 10 Millionen denkbare Kombinationen als mögliche Szenarien. Nehmen wir wiederum zur Vereinfachung an, dass 90 Prozent davon irrelevant sind, so bleiben eine Million Szenarien übrig. Multipliziert man das jetzt mit der Anzahl der relevanten Länder (ca. 60–70) und der Zahl der Segmente (15–20), kommt man auf die nicht kleine Zahl von 70 mal 20 mal 1 Million, ist gleich 1,4 Milliarden.

Mit anderen Worten: Wenn wir mit der Methode der bedingten Migrationsmatrizen verstehen wollen, wie sich ein Szenario XYZ auf das Kreditportfolio der europäischen Banken auswirkt, dann brauchen wir theoretisch mehr als eine Milliarde empirisch gemessener, kompletter, bedingter Migrationsmatrizen mit je 420 statistisch gemessenen, also empirisch validierten Zahlen. Macht 784 Milliarden einzelne Migrationsübergangs-Wahrscheinlichkeiten von Ratings. Das ist die theoretische Auswahl. Die gibt es aber überhaupt nicht. Sie existieren nicht, und sie werden auch nie existieren, weil die empirischen Daten zu ihrer Bestimmung niemals vorhanden sein werden. Nicht heute, nicht morgen und nicht in einer Million Jahren.

Willkommen in der wirklichen Welt!

Jetzt werden natürlich die schlauen Herrschaften in EBA und EZB sagen: Das ist doch Blödsinn. Wir brauchen keine Milliarden Szenarien, wir brauchen nur eines oder zwei. Stimmt. Aber das ändert leider nichts daran, dass die Auswahl der möglichen Szenarien so groß ist und dass es für das zufällig von ihnen gewählte Szenario deshalb mit praktisch absoluter Sicherheit keine empirischen Daten gibt, die es ihnen ermöglichen, ihre tolle Analyse über alle Banken und Segmente Europas hinweg auch nur mit annähernd erfolgversprechender Genauigkeit durchzuführen.

Und ein paar empirische Datenpunkte haben wir ja: Nämlich vier in Reihe gescheiterte Stresstests. Gescheitert nicht nur an dem oben beschriebenen Problem, sondern auch an handwerklichen Fehlern, die jedem, der sich je mit Risikofragen von Banken auseinandergesetzt hat, die Haare zu Berge stehen lassen.

Wobei diese Fehlerhaftigkeit ja vielleicht politisch gewollt war. Wenn sie das aber war, dann war die ganze Übung nur eine Augenwischerei, ein Versuch zu verschleiern, was Kennern der Materie schon lange offensichtlich ist.

Schauen wir uns eine weitere Säule an, auf der die ganze Stresstestübung beruhte. Der sogenannte Asset Quality Review oder »AQR«. Auf Deutsch: Überprüfung der Qualität aller Vermögenswerte (der Banken). Vermögenswerte beziehen sich dabei im Wesentlichen auf vergebene Kredite und Wertpapiere.

Es ist offensichtlich, dass es für einen Stresstest nicht genügt zu wissen, mit welcher Wahrscheinlichkeit sich Ratings für jeden Kredit von A nach B verbessern oder verschlechtern. Es ist auch unabdingbar, erst mal A zu kennen, also Klarheit darüber zu haben, wie die Kreditqualität des existierenden Portfolios hier und heute aussieht. Theoretisch müsste die Frage leicht zu beantworten sein: Die Banken haben doch ihre internen Ratingsysteme, die schon seit der Einführung des Regelwerks unter dem Namen »Basel II« für jedes relevante Kreditsegment entwickelt werden müssen und deren Teile von der Bankenaufsicht seit Anfang der 2000er-Jahre mit einer Art TÜV-Siegel versehen und abgenommen werden müssen.

Aber schon hier sind gleich mehrere Hunde begraben: Diese Regeln wurden in den Ländern des Euroraums qualitativ höchst unterschiedlich umgesetzt. Während die Banken in Deutschland und Österreich die Übung schon deshalb ernst genommen hatten, weil sie endlich mal ihr Kreditrisikomanagement auf den Stand der Technik bringen wollten, hat man das in anderen Ländern nicht so eng gesehen. Es ging der Spruch: »Regeln werden in Italien erfunden, in Österreich verstanden und in Deutschland befolgt.« Nur dass wir damit den Österreichern Unrecht tun, die haben es nämlich umgesetzt, sogar vor allen anderen. Leider mit einer unrühmlichen Ausnahme namens Hypo-Alpe-Adria, einer Pleitebank im Staatseigentum im wunderschönen Kärnten. Die hat dann auch so gründlich danebengegriffen, dass ihre Pleite sogar den österreichischen Staat in Schwierigkeiten brachte. Aber das ist ein Nebenkriegsschauplatz.

Es gab neben der unterschiedlichen Umsetzungsbegeisterung aber auch noch ein anderes grundsätzliches Problem: Die statistischen Daten, die in die Entwicklung der Verfahren einflossen, waren durch eine kleine, unauffällige, aber wichtige Intervention unserer Weisen von der Bankaufsicht ein wenig verzerrt. Banken durften für die Entwicklung der Kennzahlen nur ihre eigene empirische Erfahrung mit ausgefallenen Krediten verwenden. Der Gedanke dahinter war wohl zweifach: Erstens sollten die Banken endlich angehalten werden, diese wertvollen Daten zu sammeln (gute Idee!) und zweitens war man wohl der Meinung, dass die Ergebnisse dann repräsentativer, also treffender für das Kreditgeschäft der jeweiligen Bank sein würden.

Das ist aber ein Trugschluss. Die Realität ist leider, dass das Kreditportfolio einer Bank als Stichprobe an der Gesamtheit aller Kredite in einer Volkswirtschaft durch vielerlei Einflüsse verzerrt wird und dass deshalb diese Daten auch nur einen verzerrten Blick auf die Realität einräumen. Banken nehmen keine Stichprobe an der Grundgesamtheit aller Kreditnehmer. Ihr Portfolio ist zwar eine Stichprobe, aber eine stark verzerrte: Banken haben strategische Ziele, eine bestimmte (und zwischen Banken nicht einheitliche) Risikokultur, unterschiedliche Prozesse der Kreditvergabe, regionale oder branchenmäßige Schwerpunkte, unterschiedlichen Risikoappetit und unterschiedliche Aufgaben. Während zum Beispiel private Banken den Auftrag haben, ihre Aktionäre wohlhabender zu machen, haben Sparkassen und Genossenschaftsbanken den Auftrag, die Versorgung mit Bankprodukten in der breiten Fläche für die Bevölkerung sicherzustellen. Banken schauen auf die Welt wie durch ein Schlüsselloch, und jede schaut durch ein anderes. Sie sehen immer nur ihren Teil der Realität, und damit auch nur einen begrenzten Teil der Risiken und ihrer antreibenden Faktoren.

Daraus ergeben sich eben Unterschiede.

Als sich der SSM, also die europäische Bankaufsicht in der EZB, in der Aufbauphase befand, machte man ein kleines Experiment. Man nahm eine Reihe von Kreditnehmern und rechnete deren Ausfallwahrscheinlichkeit mithilfe unterschiedlicher bankinterner Ratingsysteme verschiedener Kreditinstitute aus. Danach war man überrascht. Man war konsterniert, weil man feststellte, was Kennern der Materie aufgrund des oben Gesagten schon lange klar war: nämlich dass die gleichen Kreditnehmer, bewertet mit verschiedenen internen Ratingsystemen von Banken, unterschiedliche Ratingergebnisse und damit unterschiedliche Ausfallwahrscheinlichkeiten zugerechnet bekamen. Das gleiche Unternehmen konnte von Bank A eine Ausfallwahrscheinlichkeit von 0,5 Prozent und von Bank B eine Ausfallwahrscheinlichkeit von 1 Prozent zugerechnet bekommen, obwohl in beide Ratings natürlich die gleichen Bilanzdaten eingefüttert worden waren. Aber die genaue Definition der relevanten Kennzahlen aus diesen Bilanzdaten, ihre Gewichtung und Transformation waren unterschiedlich.

Damit war klar, dass der damals zunächst gefasste Plan, die Kreditqualität der Portfolien aller Banken einfach mit deren internen Systemen nachzurechnen, vom ersten Tag an zum Scheitern verurteilt war, denn es ging ja darum, die Banken und ihre Risiken untereinander vergleichbar zu machen. Wenn aber gleiche Sachverhalte unterschiedlich bewertet werden, ist das offenkundig nicht der Fall. Ein Vergleich »Apples to Apples« findet so nicht statt.

Außerdem setzt man mit einem solchen Vorgehen natürlich ganz falsche Anreize für die Banken: nämlich ihre internen eigenen Ratingsysteme so zu trimmen, dass sie immer ein möglichst gutes Rating ausspucken. Dafür gibt es in der komplizierten Welt der Ratingentwicklung unendlich viele Möglichkeiten.

Hätte man damals den Willen gehabt, das Problem zu beheben und auch die Geduld, die dafür notwendigen Vorarbeiten durchzuführen, wäre das ohne Probleme möglich gewesen. Alles, was dafür erforderlich gewesen wäre, war die Zusammenfassung der Entwicklungsdaten aller Banken im Euroraum, mit denen diese ihre internen Ratingmodelle statistisch unterlegt hatten. Diese zusammengefasste Datengrundlage wäre per definitionem in der Lage gewesen, für jedes Segment in jeder Region das beste empirisch konstruierbare Verfahren zur Kreditrisikomessung zu erzeugen, einfach dadurch, dass es bessere und vollständigere Daten verwendet hätte, als sie jeder einzelnen Bank zur Verfügung standen. Das hätte ca. zwei Jahre gedauert und rund 100 Mio. Euro gekostet. Die Durchführung des Asset Quality Review und des Stresstests danach hätte dann mit einem Bruchteil seiner Kosten von ca. 1,5 Milliarden Euro und mit einer vielfach höheren Genauigkeit durchgeführt werden können.

Die EZB unter der weisen Führung ihres Draghi hatte aber großspurig angekündigt, dass sie sich innerhalb von zwölf Monaten ein genaues Bild von Europas Banken verschafft. Allein die Ankündigung war ein Symptom von Hybris. Aber das sind wir von der EZB ja schon gewohnt. Schnelligkeit ging aus politischen Gründen vor Genauigkeit. Vielleicht wollte der italienische Präsident der Zentralbank aber auch schon damals nicht, dass die katastrophale Lage der Banken seines Heimatlandes durch ordentliche Prüfarbeit sichtbar wird. Mittlerweile ist sie ja wenigstens zum Teil nicht mehr zu übersehen und zu leugnen, wie selbst das Stresstestgenie Andrea Enria, Präsident der EBA (European Banking Authority), in London, ein Landsmann Draghis, nach jahrelanger Weigerung zugibt.

In diesen zwölf Monaten war natürlich keine anständige Arbeit möglich, die dem ehrgeizigen und versprochenen Ziel adäquat gewesen wäre. Da man nicht über Systeme verfügte (und das bis zum heutigen Tage nicht tut), die die Risiken der Banken untereinander vergleichbar machen, verlegte man sich auf eine teure, ineffiziente und methodisch abenteuerliche Alternative. Man beauftragte die vier großen Wirtschaftsprüfungsgesellschaften, mit Hundertschaften von Beratern in die Risikocontrolling-Abteilungen der Banken auf deren Kosten einzufallen und dort riesige Stichproben von einzelnen Krediten zu prüfen und neu zu bewerten, ihnen quasi ein neues Rating zu verpassen, das von den Wirtschaftsprüfern extern erstellt wird und gegen deren Ergebnisse die internen Ratingergebnisse »gebenchmarked« wurden.

Das muss man sich mal auf der Zunge zergehen lassen.

Das waren Horden von Beratern, die in ihrem Leben zum größten Teil noch nie eine Kreditakte in der Hand gehalten hatten. Sie hatten keine einheitliche und bewährte Methodik für ihre mundgemalten Prüfberichte zur Verfügung und auch keine Instrumente, die empirisch unterlegt oder getestet waren. Und selbst wenn man unterstellt hätte, dass eine nicht an statistische Ratingverfahren gebundene Prüfung von Hand besser wäre (was sie eindeutig und wissenschaftlich nachweisbar nicht ist!), stellt sich immer noch die Frage, wie diese Projektteams, die mangels ausgebildetem Personal am besten mit »frisch-von-der-Uni« beschrieben werden konnten, besser sein sollten als die erfahrenen Leute in den Kreditabteilungen der Banken.

Gleichzeitig hat man mit dieser Übung die Kreditrisiko- und Risikocontrolling-Abteilungen der Banken ein Jahr lang praktisch lahmgelegt und nebenbei Kosten für die schikanierten Geldhäuser von 1,5 Milliarden Euro erzeugt. Macht ja nichts, die Banken haben es ja.

Die Risikoexperten in den Banken wussten natürlich, dass dieser Stresstest eine einzige Stümperei war. Aber sie trauten sich nicht, es zu sagen, jedenfalls nicht öffentlich. Denn wie ein türkisches Sprichwort so treffend feststellt: »Wenn du mit dem Bären auf der Brücke stehst, dann sagst du brav ›Onkelchen‹ zu ihm – bis du von der Brücke runter bist!« Man sagt nicht zu den Vertretern der Institution, die einen auf absehbare Zukunft kontrollieren wird und die Macht hat, Vorstände abzuberufen oder ihre Berufung zu verweigern, dass sie gerade nicht nur Mist baut, sondern ihn bis zur Decke aufstapelt. Das kann Folgen haben.

Auch die Beratungsindustrie hat sich hier nicht mit Ruhm bekleckert. Von den 1,5 Milliarden Euro, die diese Übung gekostet hat, gingen wohl 90 Prozent an Berater, denen auch klar war oder zumindest gewesen sein musste, dass bei dieser Übung nichts Brauchbares herauskommt. So macht man sich zum Büttel der geldpolitischen Planwirtschaft. Es ist auch hier an der Zeit, selbstkritisch innezuhalten.

Für die Aufzählung der vielen anderen großen und kleinen Absurditäten, die den Stresstest kennzeichneten, reicht der Platz in diesem Buch nicht. Stellvertretend hier nur ein paar Kostproben:

Die wirtschaftlichen Szenarien, mit denen man italienische Banken geprüft hat, waren andere als die, mit denen man deutsche Banken geprüft hat. Sind wir jetzt auf zwei verschiedenen Planeten? Fast überflüssig zu erwähnen, dass das italienische Szenario weniger streng war. Logisch, die italienische Konjunktur ist ja auch viel robuster als die deutsche.

Das wichtigste Stress-Szenario, nämlich die Fortsetzung der Nullzinspolitik und ihre Folgen für die Banken, wurde – trotz seiner hundertprozentigen Eintrittswahrscheinlichkeit – überhaupt nicht in Betracht gezogen. Immerhin lief dieses Szenario damals schon.

Staatsanleihen wurden, entgegen dem, was man zuvor am Beispiel Griechenlands hätte lernen können, als risikolos betrachtet. Wir wollen ja schließlich den Banken keinen Anreiz geben, verantwortungsbewusst mit diesem Risiko umzugehen und am Ende noch auf den Kauf von Staatsanleihen zu verzichten. Wo kämen wir denn da hin?

Das Ergebnis dieses ersten unter der Regie der EZB und mit »methodischer Führung« (da sträubt sich einem die Feder) der EBA erstellten Stresstests lag denn auch genau auf der Linie der politischen Erwartungen. Pflichtschuldigst identifizierte man ein paar meist kleinere Banken, denen man eine kleine Kapitallücke bescheinigte, die sich in ganz Europa auf die lächerliche Summe von 10 Milliarden Euro summierte, und erklärte, dass die Schließung dieser Kapitallücke schon so gut wie erledigt sei.

Verstehen Sie mich an dieser Stelle bitte nicht falsch. Wenn ich sage, dass 10 Milliarden Euro lächerlich seien, so möchte ich mich damit nicht in die Reihe der »Peanuts-Zitate« stellen. 10 Milliarden Euro sind sehr viel Geld. Es ist nur lächerlich wenig, wenn man es mit der tatsächlich vorhandenen Kapitallücke im europäischen Bankensystem vergleicht, die ein ordentlich organisierter Stresstest schon damals hätte entdecken müssen.

Eine weitere interessante Erkenntnis war es, zu beobachten, welche Kreativität die EZB dabei an den Tag gelegt hat, der Öffentlichkeit ein politisch erwünschtes Gesamtergebnis zu präsentieren. Es gab ja eine lange Debatte darum, ob die EZB den Mut aufbringen würde, die Übung auf Wahrheit zu trimmen. Würde sie »zu wenige« Banken durchfallen lassen, würde es niemand glauben, dass das sein kann (zumal die Märkte den Zustand des Bankensystems im Euroland ja schon kannten). Außerdem hat sie dann das Risiko, dass kurz nach dem Ende der Übung eine der Banken untergeht, die von der EZB das Zeugnis »gesund« ausgestellt bekommen hat, und so die Glaubwürdigkeit der neuen Institution nach kürzester Zeit den Bach runtergeht.

Würde sie andererseits zu viele Banken durchfallen lassen, bestand die Befürchtung, dass die Märkte den Schock nicht verdauen und neue Turbulenzen die Stabilität des Systems erschüttern. Die EZB navigierte in ihrem eigenen Verständnis also zwischen Skylla und Charybdis. In dieser Lage zeigte sich, dass ihre mediterrane Führung ihren listenreichen Odysseus gelesen hatte.

Sie hat es geschafft, die über 1,5 Milliarden Euro teure Übung so zu absolvieren, dass sie heute nicht wirklich mehr weiß als vorher, und beide Szenarien vermieden: Einerseits hat sie 25 Banken durchfallen lassen (nicht ohne den Nachsatz, dass davon die Hälfte sich bereits wieder das notwendige Kapital beschafft oder die Risiken reduziert hat) und andererseits hat sie die gesamte Kapitallücke für alle noch übrigen 13 Banken auf gerade mal 10 Milliarden Euro taxiert. Das entspräche ungefähr dem Messfehler des Stresstests, falls die EZB über geeignete Instrumente zur Risikomessung verfügt hätte. Mit der vorhandenen Infrastruktur entspricht es ungefähr 0,3 Prozent des Messfehlers.

Wozu diese Kombination? Viele Durchfaller mit ganz wenig Kapitallücke? Ganz einfach: Einerseits kann man den Leuten erzählen, dass alles schon in Ordnung und das Bankensystem gesund sei und andererseits hat man eine große Zahl von Instituten schon mal ein ganz klein wenig schwarz angemalt, damit im Falle eines Unfalls keiner sagen kann, die EZB hätte ihn bei ihrer teuren Übung nicht vorausgeahnt. Genial. Leider aber auch durchsichtig. Die Märkte haben sich nicht so einfach auf den Arm nehmen lassen.

Wenige Tage nach Veröffentlichung der Stresstestergebnisse publizierte die New York University (NYU) eine Studie, die aufgrund der Marktbewertungen der Banken schon zeigen konnte, dass die Resultate der EZB mit der wirtschaftlichen Realität in den Bankbilanzen überhaupt nichts zu tun haben konnten, sondern ein Direktimport aus Absurdistan waren.

Die Kollegen an der Stern School of Business der New York University (NYU) benutzten Marktindikatoren, um die Frage zu beantworten, wie groß die Kapitallücke der europäischen Banken wirklich ist: Nicht nur kamen sie auf die Zahl von 400 Milliarden Euro (statt 10 Milliarden Euro) alleine für die börsennotierten Institute, die nur eine Teilmenge der geprüften Banken darstellten, sondern sie stellten auch fest, dass die eigentlich riskanten Banken gerade nicht diejenigen waren, die auf der schwarzen Liste der EZB gelandet sind, sondern dass andere Namen aus Frankreich und Deutschland auch darauf hätten stehen sollen. Auch eine Studie des Zentrums für Europäische Wirtschaftsforschung (ZEW) geht davon aus, dass alleine die 32 größten börsennotierten Banken (also nur ein Viertel der unter SSM-Aufsicht stehenden Institute) einen Bedarf von mindestens 600 Milliarden Euro haben.

Da fügte sich auch eine Umfrage, veröffentlicht in der Börsenzeitung vom 20. November 2014, gut ein, die lapidar feststellte, dass 51 Prozent der wirtschaftlichen Entscheidungsträger in Deutschland die Ergebnisse des Stresstests für unglaubwürdig hielten. Die meisten übrigen sagten »weiß nicht«. Ein vernichtender »Vertrauensbeweis«.

Im Unterschied zu den Bürokraten im Eurotower ging man bei der NYU mit wissenschaftlicher Methodik und Begründung an das Thema heran. Die Kosten der Studie dürften wohl auch ein paar Tausend Dollar nicht überstiegen haben, weil man nur öffentlich zugängliche Daten verwendet hat. Mehr hat es auch nicht gebraucht, um die Absurdität der offiziellen Stresstestübung nachzuweisen.

In dieser Studie betrachtete man die Marktbewertung von börsennotierten Banken und verglich diese mit dem ausgewiesenen Eigenkapital in der Bilanz. Was zeigte sich da? Dass die meisten europäischen Banken an der Börse viel weniger wert waren als ihr Eigenkapital in der Bilanz, also der Betrag, der übrig bleibt, wenn man von allen Vermögenswerten alle Schulden abzieht.

Das muss doch sogar unsere beiden Italiener in EZB und EBA stutzig machen. Schließlich ist die doppelte Buchführung eine Florentiner Erfindung aus der Renaissance, und man darf von daher unterstellen, dass die auch wissen, wie man eine Bilanz liest.

Was bedeutet das, wenn der Wert einer Bank unter ihrem Bilanzeigenkapital liegt? Lassen Sie mich das an einem stark vereinfachten Beispiel darlegen. Eine Bank hat ein Bilanzvolumen von 500 Milliarden Euro. Dieses Geld hat sie auf der einen Seite zu 90 Prozent in Kredite investiert, also ausgeliehen. Die übrigen 10 Prozent sind Betriebsvermögen und liquide Mittel. Auf der anderen Seite der Bilanz stehen Schulden von 450 Milliarden Euro, also Geld, das sich die Bank geliehen hat, entweder in Form von Spareinlagen von ihren Kunden, in Form von Anleihen am Kapitalmarkt oder in Draghis neuer Geldordnung von der Zentralbank.

Wenn die Bank Vermögenswerte von 500 Milliarden Euro hat und dem 450 Milliarden Euro Schulden gegenüberstehen, dann beträgt das Nettovermögen, vulgo Eigenkapital, 50 Milliarden Euro. Wenn Sie die Bank abwickeln und alle Kredite, die zurückgezahlt werden, zur Schuldentilgung verwenden, müssten Sie also am Ende 50 Milliarden Euro übrig haben. Man sollte annehmen, dass dieser Betrag das Mindeste ist, was die Bank wert ist. Gutes Management und daraus resultierende künftige Gewinne sollten dafür sorgen, dass der Wert noch höher ist, denn warum sollte sonst jemand bereit sein, der Bank Eigenkapital zu geben, wenn es sich nicht vermehrt wie in jeder anderen erfolgreichen Unternehmung?

Jetzt verhält es sich aber so, dass unsere Beispielbank, die übrigens typisch für Europas Banken ist, nicht 50 Milliarden Euro wert ist, sondern nur 15 bis 20 Milliarden Euro, wenn man den Wert aller Aktien der Bank zusammenzählt. Für diesen Betrag könnte ein theoretischer Käufer die Bank am Aktienmarkt komplett aufkaufen. Nach der Logik der Bilanzwahrheit müsste das ein tolles Geschäft sein, da er die Bank dann schließen kann und ihm nach Abwicklung 50 Milliarden Euro zufallen. Er hätte sein Geld verdreifacht.

Das wird aber nicht passieren. Die Teilnehmer am Aktienmarkt sind nämlich der Meinung, dass die Bank nur 15 bis 20 Milliarden Euro wert ist, wenn man sie abwickelt, sonst würde sich ein höherer Aktienkurs einstellen, der die Lücke schließt. So etwas nennt man Markteffizienz, und auch wenn die Kapitalmärkte nicht perfekt sind, schlauer als die EZB sind sie allemal. Diese für die Investoren auf den Aktienmärkten längst bekannten Verluste und Risiken scheinen aber in dem Stresstest und AQR nirgendwo auf. Und was unsere Bürokratie nicht sehen will, das existiert auch nicht, oder?

In Wahrheit hat unsere Beispielbank die 30 bis 35 Milliarden Euro Differenz längst verbraten. Sie hat Risiken angesammelt, die in Zukunft Geld kosten, statt welches einzubringen. Sie hat Kreditverluste noch nicht abgeschrieben und so das in der Bilanz gezeigte Kapital systematisch zu hoch ausgewiesen.

Auf Grundlage dieser Untersuchung konnte die NYU also ganz einfach demonstrieren, dass der aufwändige und teure Stresstest die einfachste Plausibilitätskontrolle nicht besteht. Das tat sie zu ungefähr einem Millionstel der Kosten der EZB-Übung.

Im Grunde ist der Stresstest durch die gleiche Art von Plausibilitätskontrolle gefallen, die schon die verbrieften Hypothekenkredite, welche die Weltfinanzkrise ausgelöst haben, nicht bestanden haben. Damals war die Frage, wie es sein kann, dass eine mit einem Rating AAA benotete Verbriefung doppelt so viel Zinsertrag bringt wie eine ebenfalls mit AAA bewertete Anleihe der US-amerikanischen Bundesregierung. Das war auch nicht konsistent. Entweder heißt AAA immer AAA und das Risiko ist gleich und damit auch die angemessene Verzinsung. Dann liegen die Märkte falsch. Oder die Märkte liegen richtig, dann musste mindestens eines der beiden Ratings falsch sein. Dann irrt nicht der Markt, sondern die Ratingagentur.

Und nach einer Weile war ja dann auch klar, wer recht hatte: Der Aufschlag war eine Risikoprämie und das Rating war eben falsch. Die Märkte haben also mal wieder recht behalten. Das tun sie meistens.

Ein besonders drastisches Beispiel für die absichtliche Blindheit unserer Stresstester waren die vier größten Banken des wunderschönen Landes Griechenland. Wer *Verzockte Freiheit* gelesen hat, weiß, dass der Autor die Griechen wirklich liebt und dafür bedauert, dass dieses sympathische und durchaus fleißige Volk (die Griechen arbeiten im Schnitt pro Jahr 100 Stunden länger als die Deutschen) von seinen durch und durch korrupten Eliten ausgebeutet und ausgeblutet wird. Aber das hilft uns hier nicht weiter.

Die vier griechischen Banken hatten zum Zeitpunkt des Stresstests 2014/15 Kredite in Höhe von ca. 210 Milliarden Euro in den Büchern stehen. Davon war damals die Hälfte notleidend, wurde also weder mit Zins noch mit Tilgung bedient. Das ausgewiesene Eigenkapital betrug 26 Milliarden Euro. Hätte man von den notleidenden Krediten nur die Hälfte der ausstehenden Beträge abgeschrieben (was einen gewissen Optimismus vorausgesetzt hätte), dann wäre nicht nur das gesamte Eigenkapital weg gewesen, sondern es wäre negativ geworden in fast gleicher Höhe, nämlich mit ca. 29 Milliarden Euro unter Wasser. Bedenkt man dann noch, dass von den 26 Milliarden Euro Eigenmitteln 17 Milliarden durch Steuergutschriften des insolventen griechischen Staates abgedeckt waren, die effektiv wertlos sind, so steigt der Fehlbetrag auf 46 Milliarden Euro. Damit die Banken nach einer hälftigen Abschreibung der Kredite das verbleibende Kreditvolumen von ca. 150 Milliarden Euro als Risiko überhaupt tragen können, wären aber Eigenmittel von ca. 10 Prozent des Kreditvolumens, also 15 Milliarden Euro, erforderlich. Wahrscheinlich mehr, da es sich bei den noch verbleibenden Krediten angesichts der speziellen griechischen Statistik der Pleitenrate im Land um Kredite mit hohem Risiko handeln dürfte.

Die Kapitallücke beträgt damit mindestens stolze 61 Milliarden Euro, vielleicht auch 70 Milliarden Euro.

Diese Banken haben den Stresstest ohne Ausnahme bestanden. Herzlichen Glückwunsch!

Gott bestrafte den Turmbau zu Babel mit Sprachverwirrung, den Turmbau des Euro bestraft er wohl mit Dyskalkulie.

Eine Stellungnahme der Präsidentin der Europäischen Bankaufsicht, Danièle Nouy, zu der Frage, wie die vier griechischen Banken angesichts dieser öffentlich bekannten Zahlen den Stresstest bestehen konnten, obwohl sie überschuldet und nach allen Regeln der Buchführung pleite sind, fällt denkbar kurz und knapp aus: »Wir sind der Auffassung, dass die vier griechischen Banken solvent sind.« Begründung? Fehlanzeige.

Orwell hätte dazu einen guten Kommentar gefunden.

Ich wage die Wette, dass sich in Brüssel ein Eurokrat findet, der Ihnen und mir erklärt, es könne gar nicht sein, dass die Hälfte der Kredite der griechischen Banken notleidend sei, da es ja laut EuroStat, der Statistikbehörde der Europäischen Union, in Griechenland z. B. im Jahr 2015 überhaupt nur 189 (!) Unternehmenspleiten gegeben habe. 189! Eine Quote von 0,03 Prozent! Eine Statistik von nordkoreanischer Durchschlagskraft.

Übrigens: Man kann ganz allgemein beobachten, dass die Zahl der Pleiten in den Krisenländern sogar noch geringer ist als in Deutschland. Die *Financial Times* sprach in diesem Zusammenhang vom »Aufstieg der Zombies«.

Ja, die Herrschaften, dann bauen Sie unsere Zukunft und unsere Wirtschafts- und Geldpolitik mal weiterhin auf Statistiken von solch hervorragender Qualität auf! Ich bin überzeugt, dass dann für Europas Bürger das Wort Stresstest noch mal eine ganz andere und sehr praktische Bedeutung bekommen wird.

PS: Ganz tief in ihrem schwarzen Seelchen weiß die EZB natürlich, dass ihre Methoden der Aufgabe nicht gerecht werden, und sie hat Angst davor, dass dies einer zunehmend kritisch eingestellten Öffentlichkeit bewusst wird. Wie sonst wäre es zu erklären, dass sie nicht einmal bereit ist, dem Europäischen Rechnungshof Unterlagen zur Verfügung zu stellen, die es diesem ermöglichen würden, die Ordnungsmäßigkeit der Aufsichtstätigkeit zu prüfen? Immerhin ist das eindeutig die Aufgabe des Rechnungshofes. Auch hier versteckt man sich wieder hinter der Unabhängigkeit der Notenbank. Dabei ist klar, dass die Bankaufsicht zwar der EZB angegliedert ist, aber nicht unter die vorgebliche »Unabhängigkeit« der Geldpolitik fällt. Es stellt sich die Frage: Was wollen die EZB und der SSM eigentlich verschleiern, indem sie sich der Kontrolle in solch durchsichtiger Art und Weise entziehen?

KAPITEL 6

Die Zerstörung des Kreditsystems

Ein solch Papier, an Gold und Perlen statt,
Ist so bequem, man weiß doch, was man hat;
Man braucht nicht erst zu markten noch zu tauschen,
Kann sich nach Lust in Lieb und Wein berauschen.
Will man Metall: ein Wechsler ist bereit,
Und fehlt es da, so gräbt man eine Zeit.
Pokal und Kette wird verauktioniert,
Und das Papier, sogleich amortisiert,
Beschämt den Zweifler, der uns frech verhöhnt.
Man will nicht anders, ist daran gewöhnt.
So bleibt von nun an allen Kaiserlanden
An Kleinod, Gold, Papier genug vorhanden.

GOETHE, MEPHISTO (FAUST)

Es ist immer wieder ein lohnendes Unterfangen, bei Goethes Faust zum Thema Geld nachzuschlagen. Wer es bisher nur vermutet hat, der weiß jetzt dank Goethe (der übrigens auch einmal Finanzminister war), dass die Schaffung von Geld aus dem Nichts, das »Fiat Money« (»Es werde Geld!«) eine dämonische Erfindung ist, der der schweflige Geruch der Planwirtschaft anhaftet.

Und damit sind wir schon beim Thema.

Verfolgen wir die Debatte um den Nullzins bzw. die Negativzinsen ernsthaft, so lesen wir in den Zeitungen täglich über das Thema. *FAZ, Handelsblatt, Financial Times, Börsenzeitung.* Überall Beiträge, die vor den negativen oder unklaren Folgen warnen. Meistens wird dabei auf die Frage rekurriert, dass die Sparer enteignet werden, dass eine innereuropäische Umverteilung von Nord nach Süd stattfindet, dass die Lebensversicherungen ihre Renditeversprechen nicht mehr einlösen können, dass in einigen Jahren als Spätfolge Altersarmut droht, dass Blasen entstehen, die eine neue Krise auslösen werden. Stimmt leider alles.

Viele warnen davor, dass das »größte geldpolitische Experiment in der Geschichte der Menschheit« eine Kalamität in Form einer neuen noch größeren Krise heraufbeschwören wird. Aber keiner schreibt, wie das passieren könnte. Was ist der Mechanismus der kommenden Krise? In welchem Tümpel schwimmt der »Schwarze Schwan« herum?

Wie wir in Kapitel 2 über die Entstehung, die Natur und den Preis des Geldes bereits erahnen konnten, hat die freie Bildung von Preisen in einer Marktwirtschaft eine überragende Bedeutung. Preise zeigen Knappheiten an und steuern so die Ressourcen in die richtigen Verwendungen. Das Geflecht der relativen Preise von Gütern untereinander ist durch die enorm große Zahl an Produktions- und Nachfragefaktoren, die diese beeinflussen, so komplex, dynamisch und durch Technologie und Innovation ständigen Veränderungen unterworfen, dass jede noch so gründliche Planung des Wirtschaftsgeschehens scheitern muss, weil sie die Preisbildung nicht dem freien Spiel der Marktkräfte überlässt. Hayek sprach in diesem Zusammenhang von dem Versuch der Planung des Wirtschaftsgeschehens und der Preise als dem Ergebnis einer »Anmaßung des Wissens«. Es war diese Anmaßung, an der die Planwirtschaft der Sowjetunion letztlich gescheitert ist.

Alle Preise einer Volkswirtschaft werden in Geldeinheiten ausgedrückt, und Geld selbst ist auch ein Gut, dessen Verfügbarkeit in Form von Fremd- oder Eigenmitteln einen Preis hat. Dieser Preis des Geldes ist aufgrund seiner Transformations- und Tauschfunktion das Kondensat aller relativen Knappheiten aller Güter einschließlich der zeitlichen Präferenzen aller am Wirtschaftsleben Beteiligten. Der Preis des Geldes ist der Zins.

Und dieser Preis des Geldes, der Zins, ist der heilige Gral des freien marktwirtschaftlichen Systems.

Wenn Güterpreise Informationen über Knappheiten sind, dann ist der Zins quasi der Scheinwerfer, der das ganze System erhellt. Wir orientieren unzählige individuelle Entscheidungen am Zins, auch wenn uns das oft nicht bewusst ist. Konsumneigung, Investitionen, Sicherheitsbedürfnis, Risikoneigung, um nur einige wenige zu nennen.

Bildlich gesprochen ist der Zins die Lampe an der Decke, die einen ansonsten fensterlosen Raum erhellt, in dem sich viele Menschen aufhalten, die ihr Verhalten in diesem Raum mithilfe der vom Licht vermittelten Informationen steuern und koordinieren. Das Licht erlaubt rationale Entscheidungen in diesem Raum: Wo darf ich nicht gegen die Wand laufen? Über welchen Stuhl würde ich stolpern, wenn ich ihn nicht sehen könnte? Wo ist der Ausgang oder der Notausgang, wenn es brennt oder ich aus einem anderem Grund entscheide, den Raum verlassen zu wollen?

Den Zins auf null zu drücken, und zwar über das gesamte Laufzeitenband hinweg, indem man mit der scheinbar unbegrenzten »Feuerkraft« der Druckerpresse auf das Massivste in allen Geld- und Anleihemärkten interveniert, bedeutet, den Zins und seine Informationsfunktion abzuschaffen. Ich nenne das eine »Licht-aus-Politik«. Um im Beispiel unseres fensterlosen Raums zu bleiben: Als Antwort auf den Ausbruch von Panik im Zuge der Krise seit 2007 schalten wir das Licht aus, welches den Menschen im Raum ermöglichen könnte, den Notausgang aufzusuchen.

In der Zinspolitik ist die Dunkelheit der Standard geworden.

Die gewaltsame Verzerrung des Zinses ist das Ergebnis einer Anmaßung des Wissens, abgeleitet aus der Arroganz unkontrollierter Macht, verteidigt mit dem Scheinargument der Unabhängigkeit der Notenbank.

Unabhängigkeit ist aber nicht das Gleiche wie das Fehlen jeder Kontrolle. Macht, die weder durch das Recht noch durch demokratische Kontrolle oder durch die Disziplinierung des Marktes begrenzt wird, entmündigt die Menschen. Der Informationsentzug für rationale ökonomische Entscheidungen wird zum Mittel dieser Entmündigung.

Wir müssen uns offenbar entscheiden zwischen »Fiat Money« und »Fiat Lux«: Es werde Geld oder es werde Licht. Glauben wir an die Information oder an die Manipulation?

Diese Zinsverdunkelung führt zu ökonomischen Fehlentscheidungen der Wirtschaftssubjekte im großen Stil. Bei der Geldanlage, bei der Berufswahl, bei der Lebensplanung, bei der Steuerung von Unternehmen. Und – last not least – bei der Steuerung dieses besonders diffizilen, immer noch unverzichtbaren und filigranen Gebildes namens Banken- und Kreditsystem. Hier kommen wir – um bei Goethes Faust zu bleiben – zu des Pudels Kern.

Es ist dieser Bereich, aus dem Sie den Schwarzen Schwan erwarten dürfen, und ich werde die nächsten Seiten darauf verwenden, Ihnen die inneren Mechanismen zu verdeutlichen, die nach meiner Überzeugung zwingend dazu führen, dass die Nullzinspolitik eine Banken- und Finanzkrise vorprogrammiert, gegen die die US-Hypothekenkrise und die Lehman-Pleite eine leicht aus den Fugen geratene Pfadfinderparty gewesen sein wird. Es wäre wahrlich passend, wenn künftige Generationen von Wirtschaftshistorikern den resultierenden Kollaps »Draghi-Crash« taufen, denn der Präsident der EZB darf als Architekt der Politik gelten, die ihn herbeiführt.

Die Tatsache, dass auch andere Währungsräume wie Japan und die USA eine ähnliche Politik verfolgen, wird von den Vertretern der EZB gerne herangezogen, um die Alternativlosigkeit ihrer Politik zu postulieren. Das ist Ausdruck der Verzweiflung, die Folgen des eigenen intellektuellen Versagens abschätzen und begründen zu können. Es ist als Argument an inhaltlicher Leere kaum zu überbieten. Der Umstand, dass dieses Versagen global ist, macht nur unser Problem noch größer. Dazu kommt, dass es durchaus ein paar kleine Unterschiede zu den anderen Währungsräumen gibt. Das fängt schon damit an, dass sie im Gegensatz zum Euro nur ein Land umfassen, also die Geldpolitik keine zwischenstaatlichen Umverteilungen, Spannungen und wirtschaftlichen Ungleichgewichte befördern kann. Auch sind die Federal Reserve und die Bank of Japan durch einen demokratischen Ordnungsrahmen legitimiert, der der EZB weitestgehend fehlt. Dennoch ist leider gerade Japan ein Beispiel für das jahrzehntelange Siechtum einer Volkswirtschaft durch falsche Geldpolitik.

Die Wirkung des Nullzinses auf die Finanzstabilität

Um die Mechanik des kommenden Crashs zu verstehen, möchte ich mit Ihnen ein wenig eintauchen in die Funktionsweise der Kreditwirtschaft.

Die Kreditversorgung der Wirtschaft wie auch die damit verbundene Giralgeldschöpfung sind Kernbestandteile des klassischen kommerziellen Bankgeschäfts. Was bedeutet Giralgeldschöpfung? Es bedeutet, dass jeder Kredit, den eine Bank vergibt, die umlaufende Geldmenge um den Kreditbetrag erhöht. Das Geld, welches die Zentralbank als sogenannte Zentralbankgeldmenge zur Verfügung stellt, wird im Geldkreislauf durch Kredit, Wiedereinlage des Kredits im Bankensystem und Wiederverwendung für einen weiteren Kredit beliebig oft recycelt.

Wie das genau funktioniert, ist leicht erklärt. Stellen Sie sich als Ausgangspunkt vor, Kunde 1 hat bei der Bank A ein Konto über eine Million Euro. Die Bilanz der Bank hat auf der Aktivseite 1 Mio. Euro in Form des Geldes, das Kunde 1 eingezahlt hat, und auf der Passivseite Schulden von 1 Mio. Euro bei dem Kunden. Mit diesem Betrag kann er die gleichen Dinge tun, als wenn er die Million Euro in Form von Banknoten im Keller lagert. Es handelt sich also zweifelsohne um Geld.

Jetzt verleiht die Bank den Betrag an den Kunden 2. Sie schreibt es ihm auf seinem Girokonto gut. Was sehen wir jetzt? Kunde Nr. 2 schuldet der Bank 1 Mio. Euro und hat zugleich den Betrag auf seinem Girokonto. Wie von Zauberhand haben wir jetzt schon zwei Kunden, die je einen Betrag von 1 Mio. Euro auf dem Konto haben, und in beiden Fällen handelt es sich um Geld. Es handelt sich aber nicht um Zentralbankgeld, sondern um sogenanntes Giralgeld. Seine Schöpfung durch die Geschäftsbanken nennt man Giralgeldschöpfung. Der Prozess lässt sich beliebig oft wiederholen. Aus einem Euro Zentralbankgeld können so unbegrenzt viele Euro Giralgeld entstehen.

In der Geldtheorie unterscheidet man daher die Menge des Geldes, die in einer Volkswirtschaft umläuft, nach ihren verschiedenen Entstehungsvorgängen. Der geniale Bankier John Pierpont Morgan, Gründer der nach ihm benannten Bank J.P. Morgan, pflegte daher zu sagen: »Gold ist Geld. Alles andere ist Kredit.«

Ein kleines Bonmot über Morgan ist an dieser Stelle auch erwähnenswert: Als er starb, hinterließ er ein Vermögen von etwa 600 Mio. Dollar, nach heutiger Kaufkraft ein Multimilliardenbetrag. Als der Ölmagnat John D. Rockefeller die Zahl erfuhr, soll ihm der Satz entfahren sein: »Wenn man bedenkt, dass er gar nicht reich war!«

Zurück zur Giralgeldschöpfung. Die so geschaffene Geldmenge übersteigt die Zentralbankgeldmenge um ein Vielfaches. Sie wird allerdings begrenzt durch die Fähigkeit der Banken,

Kredite zu vergeben. Diese findet ihre Grenze vor allem in der Risikotragfähigkeit der Banken, also letztlich in dem Eigenkapital, das ihnen zur Verfügung steht. Die Gesamtgeldmenge, also die Summe von Zentralbankgeld und Giralgeld, bestimmt auch die Inflation oder Deflation, je nachdem ob sie relativ zur Wirtschaftsleistung und damit der Menge der verfügbaren Güter steigt oder fällt.

Das ist auch der Grund, warum Bankenkrisen eine schockartige depressive Deflation auslösen können: Der Zusammenbruch ihrer Risikotragfähigkeit lässt durch Kreditausfälle und die fehlende Möglichkeit neuer Kreditvergabe die Giralgeldmenge kollabieren. Die schrumpfende Gesamtgeldmenge muss dann zu fallenden Preisen führen, die unter den beschriebenen Umständen eine Abwärtsspirale in Gang setzen.

Wie wir gleich sehen werden, ist der Unterschied zwischen Zentralbankgeld und Giralgeld von entscheidender Bedeutung. Wir werden auch sehen, dass die ungebremste Schaffung von Zentralbankgeld durch die EZB im Wege der Kaufprogramme für Anleihen und andere Maßnahmen wie den negativen Einlagenzins in Wahrheit zu einer plötzlich eintretenden und krisenhaften Schrumpfung der Gesamtgeldmenge führen muss, weil sie die Risikotragfähigkeit der Banken und damit ihre Fähigkeit zur Giralgeldschöpfung unterminiert.

Ich möchte dies als Geldmengenparadox bezeichnen.

Sein Ergebnis ist die Deflation, vor der die EZB vorgeblich so große Angst hat, dass sie alles, was 300 Jahre ökonomische Forschung und die Erfahrung funktionierender und kollabierender Geldsysteme uns über das Wesen des Geldes gelehrt haben, auf dem Scheiterhaufen der sogenannten »unkonventionellen Geldpolitik« verbrennt.

Was ist der Mechanismus hinter dem Geldmengenparadox?

Die Kreditwirtschaft umfasst die Bereiche Privatkundengeschäft, also Bankdienstleistungen für Konsumenten, und Firmenkundengeschäft, also Bankdienstleistungen für Unternehmen. Mit anderen Worten: Wenn Sie den Satz »Wir nehmen Spareinlagen an und reichen Kredite aus« als Geschäftszweck Ihrer Bank unfallfrei aussprechen können, haben Sie sich schon fast als Banker in diesem Sinne qualifiziert.

Das Investment Banking ist nicht Teil dieses Modells und fokussiert sich auf Dienste für solche Unternehmen, die sich für ihre Eigen- und Fremdfinanzierung des Kapitalmarktes bedienen.

Dieses sogenannte kommerzielle Bankgeschäftsmodell wird – verstärkt seit Ausbruch der Finanzkrise – als wünschenswert und volkswirtschaftlich notwendig erkannt. Seine Essenz ist die Kreditvergabe, die Hereinnahme von Einlagen und die erneute Kreditvergabe. Kreditvergabe dürfen Sie hier synonym setzen mit »Kreditversorgung der Wirtschaft«. Mit anderen Worten: Die Grundlage des kommerziellen Banksystems ist die Giralgeldschöpfung, die oben beschrieben wurde.

Dieses Modell ist in einem Zins-Szenario mit negativen Einlagenzinsen und einer flach verlaufenden Strukturkurve aber definitiv nicht lebensfähig. Wer in Unkenntnis dieses Sachverhaltes der Kreditwirtschaft »neue Geschäftsmodelle« empfiehlt, muss wissen, dass er damit auch ein neues Geldsystem implizit fordert.

Das kann man machen, aber dann sollte man wissen, was man tut.

Dies wird deutlich bei der Analyse der Komponenten der Zinserträge dieses Geschäftsmodells. Das Zinsmargeneinkommen der Kreditinstitute setzt sich aus drei Komponenten zusammen: die sogenannte Passivmarge, die Transformationsmarge und die Kreditmarge.

Die Passivmarge: Sie ist die Differenz zwischen dem Spareinlagenzins und dem Tagesgeldzins, den die Bank am Geldmarkt erzielen kann. Wenn Sie ein Sparkonto unterhalten und dafür zum Beispiel 1 Prozent Zinsen von der Bank erhalten, der Kapitalmarktzins für Tagesgeld aber 2 Prozent beträgt und die Bank das Geld dort über Nacht reinvestieren kann, so verdient sie 1 Prozent Differenz (2 Prozent minus 1 Prozent) ohne große Mühe. Sie muss dafür nur ihr Konto führen und das Geld am Interbankenmarkt anlegen.

Die Transformationsmarge: Dies ist die Zinsdifferenz, die durch die langfristige Ausleihung von kurzfristig geliehenen Geldern (meist Spareinlagen) erwirtschaftet wird. Sie ist mit einem – in der Regel kalkulierbaren und tragbaren – Zinsänderungsrisiko verbunden, für das die Bank einen Kapitalpuffer zur Sicherung ihrer Risikotragfähigkeit benötigt. Konkret können Sie sich das so vorstellen, dass die Bank sich das Geld von Ihnen durch das Sparkonto leiht und Ihnen zum Beispiel 1 Prozent Zins bezahlt. Zu diesem Satz haben Sie täglich das Recht, Ihr Geld auch abzuheben. Die Bank nimmt das Geld und verleiht es dann im Wege eines Baukredits an einen Kunden; der bezahlt einen Zins, der höher ist, weil das Geld länger zur Verfügung steht. Für zehnjährige Kredite können das im Beispiel 4 Prozent sein, statt der 2 Prozent am Tagesgeldmarkt. Die zusätzlichen 2 Prozent Gewinn heißen Transformationsmarge, weil die Bank das Geld von einer kurzfristigen Leihe bei ihrem Sparkunden in einen langfristigen Kredit bei ihrem Baufinanzierungskunden *transformiert* (umwandelt).

Es ist unschwer zu erkennen, worin das Risiko dieser Art von Geschäft liegt: Wenn der Zins für Tagesgeld am Kapitalmarkt zum Beispiel aufgrund von Inflation auf 6 Prozent steigt, wird der Sparkunde abwandern, wenn er nicht mindestens 5 Prozent erhält, im Zeitalter der Digitalangebote wahrscheinlich noch mehr. In dieser Situation zahlt die Bank mehr Zinsen, als sie vom Kreditnehmer erhält, hat also eine negative Nettomarge und verliert Geld.

Dieses Risiko kann durch Marktrisikomodelle gemessen werden und erfordert einen Eigenkapitalpuffer, der so groß ist, dass er ungünstige Szenarien mit vorher definierter Wahrscheinlichkeit eine ganze Weile durchfinanzieren kann. Allerdings sollte man die Verlässlichkeit und Stabilität solcher Modelle nicht überbewerten. Sie haben die Neigung zu versagen, wenn es an den Märkten richtig rumpelt.

Die Kreditmarge: Sie ergibt sich als Aufschlag auf den risikofreien Zinssatz im Kreditgeschäft und kompensiert die Bank für die Verwaltungskosten der Kreditvergabe, die Risikokosten in Form zu erwartender Verluste durch Kreditausfälle und die Kosten des Eigenkapitals, welches die Bank zur Risikotragung eines Kredites benötigt, um sich gegen Schwankungen bei den Kreditverlusten abzusichern.

In Summe bilden die drei Zinsmargenkomponenten ca. 70 bis 80 Prozent der gesamten Erträge des klassischen kommerziellen Bankmodells. Das entspricht auch ungefähr dem Anteil des Kreditrisikos am Gesamtrisiko der Bank. Der Rest wird aus Gebühren und Courtagen vereinnahmt (Kontoführung, Zahlungsverkehr, Vermittlungsprovisionen für Sparprodukte, etc.).

Durch das komplette Einschmelzen der Passivmarge (sie existiert in einer Welt negativer kurzfristiger Zinsen schlicht nicht) und das Abtauen der Transformationsmarge (man gewinnt nichts, wenn man sich Geld zu null Prozent kurzfristig leiht und zu null Prozent langfristig verleiht) stehen die Banken vor dem Problem, neue Ertragsquellen zu erschließen. Sie tun das, indem sie mit Macht versuchen, das Kreditgeschäft auszubauen. Der dadurch künstlich übersteigerte Wettbewerb tut dort, was ein Überangebot in jedem anderen Markt auch tut: Er drückt die Preise, also die erzielbaren Kreditmargen. So kollabiert auch die letzte Ertragssäule des kommerziellen Bankgeschäfts als Folge des Einsturzes der beiden anderen.

Die Möglichkeit, wegbrechende Zinsmargen durch Gebühreneinnahmen zu kompensieren, ist dabei ebenfalls sehr begrenzt durch die Intensität des Wettbewerbs um Privatkunden (verschärft durch das Aufkommen digitaler Angebote), vor allem jedoch durch Einschränkungen regulatorischer und rechtlicher Art.

Schaut man sich im Jahr 2017 die Erfolgsrechnungen vieler Banken an, so stellt man dennoch erstaunt fest, dass die Summe der Zinsmargeneinkommen vieler Institute kaum zurückgegangen ist. Das widerspricht scheinbar der oben dargelegten Analyse. In Wahrheit geben die veröffentlichten Zahlen leider ein massiv verzerrtes Bild der Realität, da es sich bei diesen Erträgen in gewisser Weise um den Verbrauch von Ertragsreserven handelt, die sich aus den Besonderheiten der Fristentransformation einerseits und der Laufzeitenstruktur der Kreditbücher andererseits ergeben.

Verborgen wird dieser Effekt vor allem dadurch, dass Banken, sofern sie ihre Jahresabschlüsse und Erfolgsrechnungen veröffentlichen, die Zinsmargen nie getrennt nach ihrer Quelle, also Sparmarge, Transformationsmarge und Kreditmarge ausweisen. Veröffentlicht wird nur die Summe, wodurch die betriebswirtschaftlichen Effekte dem unbefangenen Leser verborgen bleiben.

Wie hat man sich diesen Verbrauch von Ertragsreserven konkret vorzustellen? Quelle Nummer 1 kommt aus dem Bestandsportfolio: Die meisten Banken vergeben Kredite langfristig. Ein Kredit, der zum Beispiel zu 5 Prozent Zins auf zehn Jahre ausgereicht und damals zu 2 Prozent Einlagenzins refinanziert wurde, erzeugt die Marge von 5 Prozent minus 2 Prozent gleich 3 Prozent für zehn Jahre jedes Jahr. Ein Kreditportfolio mit einer durchschnittlichen Restlaufzeit der Kredite von sieben bis zehn Jahren hat daher eine gewisse Trägheit, der Margenverfall im Neugeschäft macht sich erst bemerkbar, wenn ein immer größerer Teil der Kredite fällig wird und dann zu den schlechteren Konditionen neu vergeben werden muss.

Quelle Nummer 2 kommt aus der Realisierung eines positiven Zinsänderungsrisikos zugunsten der Bank. Hat die Bank den Kredit zu 5 Prozent ausgereicht und damals kurzfristig zu 2 Prozent beim Sparanleger refinanziert und fällt der Sparzins nun auf 0 Prozent, so steigt sogar die Marge der Bank um 2 Prozent. Ebenso wie die Bank Geld verliert, wenn der Sparzins steigt, mit dem sie langfristige Kredite ausgereicht hat, gewinnt sie das im umgekehrten Fall.

Das Problem ist, dass diese Effekte die ausgewiesenen Erträge so weit verzerren, dass die Erosion der wirklichen Ertragskraft des Bankgeschäftes über längere Zeit nicht sichtbar wird. Was man beobachtet, sind parallel fallende Zinserträge und fallende Zinsaufwendungen.

Ist dieser Vorrat aber erst einmal aufgebraucht, so schlägt der Verlust an Ertragskraft umso dramatischer in die Gewinn- und Verlustrechnung des Kreditinstituts durch. Gleichzeitig steigt ohne das aktive Zutun der Bank das Zinsänderungsrisiko in ihren Büchern dramatisch an, weil ein Zinsanstieg für das gesamte Portfolio dann eine Negativmarge bedeutet und klar wird, dass wir uns die Lage in den letzten Jahren schöngerechnet haben.

Diese Zusammenhänge demonstrieren auch die totale Verkennung der Realität, die hinter dem Argument der EZB steckt, dass der negative Einlagenzins den Banken einen starken Anreiz zur Vergabe von mehr Krediten geben soll. Die Banken drängen bereits in das Kreditgeschäft. Woran es mangelt, sind Kreditnachfrager, die auch kreditwürdig sind und zugleich bereit sind, Zinsmargen zu bezahlen, die ausreichen, die Kosten und die Risikokosten der Banken zu decken. So jagt man die Banken mit Halali in den Sumpf schlechter Kredite, die aus der Not kurzfristiger Ertragsziele zur Deckung von Kosten und zur Vermeidung von Verlustausweisen geboren werden. Die Rechnung kommt später, wie meistens im Euroland.

Das sollte man bedenken, wenn aus der Welt der Politik, der Geldpolitik und der Regulierung der wohlfeile, gut gemeinte Rat kommt, die Banken sollten doch ihr Geschäftsmodell an die neue Realität der Nullzinswelt anpassen. Genauso gut könnte man den Banken raten, ihr Geschäftsmodell an eine Planwirtschaft sowjetischen Musters anzupassen, oder einem Fisch in der Wüste, Sand zu atmen.

So etwas ist komplett schwachsinnig.

Es ist überhaupt erstaunlich, dass dieser betriebswirtschaftliche Unsinn bisher noch nicht in der öffentlichen Debatte als solcher gebrandmarkt worden ist.

Und bevor Ihnen jetzt jemand erzählt, dass er mit neuem Geschäftsmodell die schöne neue Welt der FinTechs und digitalen Angebote meint: Das sind keine neuen Geschäftsmodelle, sondern effizientere Umsetzungen des alten Geschäftsmodells. Sie erhöhen lediglich den Kosten- und Margendruck auf die Banken zusätzlich. Diese Anpassung ist ohnehin erforderlich, aber sie kommt obendrauf, und nicht stattdessen. Müßig zu erwähnen, dass den Banken die notwendigen Anpassungen durch unser rigides Arbeitsrecht nicht nur erschwert, sondern auch extrem verteuert werden. Viele Banken können in der aktuellen Lage Kostensenkungsprogramme kaum durchführen, weil sie sonst durch die notwendigen Restrukturierungsrückstellungen so viel Eigenkapital verlieren würden, dass es Ärger mit der allmächtigen Aufsicht gibt. So jagt die Geldpolitik die Banken in eine Sackgasse, und die Arbeitsmarktpolitik mauert mit dem Arbeitsrecht den Ausgang zu.

Diese neue Attitude der Politik, erst durch marktfremde Eingriffe die Voraussetzungen jeglichen wirtschaftlichen Erfolges zu zerstören und danach den strategischen Schlaumeier und Zeigefinger schwenkenden Ratgeber zu geben, konnte man bereits bei der sogenannten Energiewende beobachten. Nach Zerstörung der Geschäftsgrundlage hat man die Chuzpe, mit wohlfeilen Ratschlägen »neue Geschäftsmodelle« zu fordern. Wie diese genau aussehen sollen, behält man natürlich für sich. Man ist ja nicht für die Hausaufgaben des Managements verantwortlich. Dieser planwirtschaftliche Amoklauf wird die Energieversorgung nicht sichern, sondern stellt ihre Zerstörung und die betriebswirtschaftliche Vernichtung der in ihr tätigen Unternehmen sicher. Das aber nur am Rande, weil es sich um das gleiche politische Verhaltensmuster handelt, welches wir heute in der Finanzwirtschaft erleben müssen.

Die durch die EZB über Einlagen- und kurzfristige Ausleihungssätze sowie Anleihenaufkäufe erzwungene marktfremde Zinsstrukturkurve führt zu einem Kollaps aller drei Zinsmargen und damit der Hauptertragssäule eines funktionierenden Bankensystems.

Die Passivmarge ist negativ vor Kosten, weil die Banken für Einlagen bei der Zentralbank einen Strafzins von 0,4 Prozent zahlen müssen. Heute subventioniert zum Beispiel die Sparkassenfinanzgruppe das Produkt Sparkonto deshalb bereits mit einer halben Milliarde Euro jährlich, wie der Präsident ihres Verbandes auf einer Tagung des Wirtschaftsrates in Berlin im Januar 2017 öffentlich anmerkte. Damit dürften die Sparkassen kaum allein sein. Diese Verluste sind real. Und sie sind hoch.

Die Fristentransformation ist extrem reduziert und kann überhaupt nur durch das Eingehen kaum zu verantwortender Risiken realisiert werden. Eine Refinanzierung eines zehnjährigen Kredits, der mit einem Zins von 0,5 Prozent ausgereicht wird, wäre bei einem Zinsanstieg am langen Ende um 1 oder 2 Prozent nicht mehr refinanzierbar. Zur Vermeidung einer Offenlegung ihrer kritischen Ertragslage nehmen dennoch viele Institute das Risiko auf sich, ohne die dafür erforderliche Risikotragfähigkeit in Form von Eigenkapital zusätzlich zur Verfügung zu haben. Kurzfristige Erträge werden auf diese Weise mit später anfallenden hohen Risikokosten bezahlt.

Das Argument, das zur Rechtfertigung dieses Risikoappetits gelegentlich herangezogen wird, ist ebenso bestechend wie entlarvend: Die EZB steckt in der Zinsfalle und kann ohnehin nicht mit der ultralockeren Geldpolitik aufhören, wir müssen also nicht mit einer Zinserhöhung rechnen.

Die Kreditmarge kommt in diesem Umfeld extrem unter Druck durch Wettbewerb und eine stark verzerrte Risikowahrnehmung. Die Banken versuchen, zusätzliche Erträge zu erwirtschaften, um ihre durch arbeitsrechtliche Vorschriften extrem rigiden Kostenstrukturen finanzieren zu können. Sie drängen verstärkt in das Geschäft um Kredite, können aber durch den steigenden Wettbewerbsdruck keine auskömmlichen, das Risiko abdeckenden Margen erzielen.

Das Zusammenspiel mehrerer Faktoren erzeugt dabei gleichzeitig eine bisher weitgehend unbemerkte und nur mit großen Problemen messbare Verschlechterung der Kreditqualität der Bankportfolien. Diese Faktoren sind:

1. Eine fehlerhafte Einschätzung der durchschnittlichen Kosten der Kreditausfälle im Gesamtportfolio (und damit eine falsche Eichung des gesamten Kreditrisikomesssystems), weil die Zahl der Unternehmenspleiten in den letzten Jahren bedingt durch den Nullzins kontinuierlich gefallen ist. So wird die Summe des Kreditrisikos massiv unterschätzt.

2. Eine fehlerhafte Messung der Risikofaktoren im Einzelrating und damit Fehleinschätzung des Adressrisikos jedes einzelnen Kreditnehmers in absoluter Höhe und relativ zu anderen Kreditnehmern.

3. Die falsche Wahl des häufigsten Verlustwertes anstelle des durchschnittlichen Verlustwertes (Erwartungswert) bei der Berechnung der Preiskalkulation, und damit eine systema-

tisch falsche Preissetzung relativ zum Risiko (nicht risikoadjustierte Preissetzung).

4. Eine Verminderung von Drohverlustrückstellungen auf Kredite durch eine Übertragung der fehlerhaften Schlussfolgerungen aus 1, 2 und 3 auf das Bestandsportfolio aller Kredite, die die Bank hält.

Die in Summe so ausgelöste, anfangs schleichende, nunmehr aber galoppierende Erosion der Werthaltigkeit der Kreditbücher ist die Zeitbombe des gesamten Systems.

Ich möchte Ihnen daher diese Zusammenhänge jetzt etwas genauer erläutern:

1. Die fehlerhafte Messung der durchschnittlichen Ausfallraten

Eine scheinbare Reduzierung der durchschnittlichen Kreditausfallraten durch den Nullzins ist Auslöser dieses Problems. Auch solche Unternehmen, die nicht gesund sind, überleben in einem Niedrigzinsumfeld. Der Prozess der marktbasierten Selektion und Bereinigung von Ineffizienzen durch das Scheitern nicht wettbewerbsfähiger Unternehmen im Sinne der Schumpeter'schen kreativen Zerstörung ist durch den Nullzins – vorübergehend – zumindest zu einem großen Teil außer Kraft gesetzt.

Dies äußert sich in einem Rückgang der Unternehmenspleiten seit Beginn der Krise 2007. Im langjährigen Mittel betragen diese etwa 1,5 bis 2 Prozent. Unternehmen, die nicht effizient und produktiv arbeiten, verdienen ihre Kapitalkosten nicht, machen deshalb Verlust und scheiden über kurz oder lang aus dem Markt aus. Seit 2007 aber hat sich – entgegen jeder Erfahrung, dass in einer Krise die Zahl der Pleiten steigen muss – die Zahl der Unternehmenskonkurse stetig verringert und die Quote beträgt zurzeit nur noch ca. 0,5 bis 0,6 Prozent.

Der Untergang dieser Unternehmen ist aber nicht abgewendet, sondern nur aufgeschoben, weil diese Unternehmen nicht dadurch effizient und wettbewerbsfähig werden, dass man sie durch die Subvention marktfremder Nullzinsen am Leben erhält! Das haben sie mit dem italienischen Staatshaushalt gemeinsam. In Deutschland wird dieser Effekt übrigens noch durch die ebenfalls nicht marktkonforme Verzerrung des realen Wechselkurses des Euro verstärkt. Der schwache Euro gaukelt deutschen Unternehmen eine Wettbewerbsfähigkeit vor, die in Wahrheit gar nicht mehr gegeben ist. Mit Nullzins und Weich-Euro subventionierte Unternehmen werden ebenso wenig effizient, produktiv und profitabel, wie eine Diät aus Fett, Zucker und Bewegungslosigkeit schlank und fit macht. Das ist die wahre Ursache des derzeitigen Rekordüberschusses in der deutschen Handelsbilanz.

Früher stellte die starke Mark einen Faktor dar, der die Unternehmen stets aufs Neue dem reinigenden Druck des internationalen Wettbewerbs aussetzte. Sie war das Fitnessprogramm, das den Exportweltmeister hervorbrachte. Heute bekommen die Unternehmen kein Fitnessprogramm, sondern ein Währungsdoping, bei dem Wettbewerbsfähigkeit vorgegaukelt und untergraben wird. Das geht zeitlich nur begrenzt.

Dass die neue US-amerikanische Bundesregierung unter Präsident Trump den Deutschen jetzt vorwirft, »Währungsdoping« zu betreiben, ist so gesehen nicht unberechtigt. Leider sind wir aber, was das Thema Doping angeht, ähnlich aufgestellt wie der Sport in der untergegangenen DDR: Das Doping war nicht freiwillig. Die EZB verpasst uns diese Spritze ohne Rücksicht auf unsere langfristige Wettbewerbsfähigkeit und wirtschaftliche Gesundheit gegen unseren Willen, um uns dann auch noch entgegenzuhalten, wir seien doch mit unserem Handelsbilanzüberschuss die eigentlichen Profiteure der EZB-Geldpolitik.

Blöd halt, dass wir für diese Überschüsse kein echtes Geld bekommen, sondern nur Schuldscheine, die nach dem Crash wertlos sein werden. So sieht Profit in der Welt der EZB aus. Vielleicht sitzen dort ja Marxisten, die Profit im Sinne der kommunistischen Mehrwertideologie für unmoralisch halten und diesen deswegen »abschöpfen« wollen, wie es auch schon Karl Marx forderte.

Das Gerede, Deutschland sei der Profiteur des Ganzen, ist also Schwachsinn, denn erstens wird unsere langfristige Leistungs- und Wettbewerbsfähigkeit durch diese marktfremden Substanzen im Blutkreislauf unserer Volkswirtschaft zerrüttet und zweitens führen unsere Handelsbilanzüberschüsse nur dazu, dass wir in Form von Schuldscheinen unserer europäischen Handelspartner bezahlt werden und die Summe unserer ausstehenden Forderungen an diese immer größer wird, sei es in Form von gekauften Anleihen, sei es in Form von Target-2-Salden oder in Form von Garantien und Hilfen für die Peripherieländer des Südens.

Diese Forderungen werden aber im Falle eines Auseinanderbrechens der Währungsunion alle wertlos, weil diese Länder dann – ebenso wie wir selbst – definitiv pleite sein werden. Wenn wir diese Forderungen stellen, wird man uns sagen: Greif mal einem nackten Mann in die Tasche! Wo ist denn der Vorteil eines Handelsbilanzüberschusses, wenn man die angesparten Überschüsse nicht irgendwann später zum Bezahlen von Gütern im Ausland nutzen kann, weil sie wertlos geworden sind? In Wahrheit verkaufen wir diese Güter gar nicht. Wir verschenken sie.

Mehr dazu aber in Kapitel 7 »Hedgefonds Deutschland«!

Es ist klar, dass die Bindung von Ressourcen in Form von Humankapital, Arbeit und Kapital in ineffizienten Unternehmen den Produktivitätsfortschritt verhindert und bremst. Ineffizient ist nur ein anderes Wort für unproduktiv!

Das langfristige Pro-Kopf-Wachstum der Volkswirtschaft hängt aber zu 100 Prozent vom Produktivitätsfortschritt ab. Es wird nicht bestimmt von der heiligen keynesianischen Kuh namens Nachfrage. Wäre es anders, hätte ein schuldenfinanziertes Konsumprogramm die Menschheit aus dem Mittelalter direkt ins Hightech-Zeitalter katapultieren können, wenn es nur groß genug gewesen wäre. Wenn man es recht bedenkt: Warum nicht gleich von der Steinzeit zu Star Trek? Danke, Keynes!

Indem der Nullzins Ressourcen an ineffiziente Unternehmen und Verwendungen kettet, wird er zur direkten Ursache der globalen Wachstumsschwäche. Um diesen offenkundigen Zusammenhang zu leugnen, hat man sich jetzt bei der EZB und den ihr zuarbeitenden Institutionen auf das Ammenmärchen von der sogenannten »säkularen Stagnation« verlegt, die uns angeblich wie eine gottgesandte Plage heimsucht, deren Ursache man in einem vermeintlichen globalen »Sparüberschuss« ausmacht und gegen die die EZB mit ihrem Nullzins verzweifelt ankämpfe. Diese absurde Drachentötergeschichte ist eine totale Verdrehung von Ursache und Wirkung!

Der langfristig nach unten weisende Trend von Unternehmenspleiten, den die Geldpolitik durch immer weiter fallende Zinsen selbst erzeugt hat, verleitet viele Banken, das sich ergebende Niveau als neues Normalniveau anzusehen. Das ist ein Trugschluss. Daran ändert auch die Tatsache nichts, dass dieser Trend jetzt schon sehr lange anhält. Sie erinnern sich gewiss, dass dies auch bei der falschen Bewertung der US-Hypothekenpapiere der Fall war.

Wie die US-Investorenlegende Warren Buffett so schön zu sagen pflegt: »Erst bei Ebbe erkennt man, wer bei Flut nackt baden gegangen ist«. Wenn die Zinsen steigen oder eine andere Ebbe eintritt, dann kommt die Stunde der Wahrheit.

Diese »aufgesparten« Ausfälle bilden daher stattdessen eine Bugwelle von Unternehmen, die im Falle einer Zinswende zahlungsunfähig werden. Diese führen dann zu realen Verlusten im Kreditbuch. Diese Ausfälle werden bei einer Zinswende nachgeholt, und zwar in relativ kurzer Zeit. Je nach Annahmen hinsichtlich des langfristigen Ausfallniveaus bedeutet dies, dass zusätzlich zum durchschnittlichen Niveau 5 bis 10 Prozent aller Unternehmenskredite innerhalb von 12 bis 24 Monaten notleidend werden, sobald die künstlich niedrigen Zinsen sich dem Ende zuneigen oder ein anderer konjunktureller Schock die Wirtschaft trifft. Dies entspricht für Deutschland allein einer Zahl von 170.000 bis 300.000 Unternehmenspleiten.

Je länger die Zinswende auf sich warten lässt, desto größer wird diese Bugwelle und desto verheerender wird der Schock.

Für den Euroraum dürfte die Zahl um ein Vielfaches darüber liegen. Ein Tsunami an Unternehmenspleiten. Die resultierenden Verluste in Form neuer notleidender Kredite könnten durchaus den Betrag von 1.000 bis 1.500 Milliarden Euro überschreiten.

Durch die Größe der Ausfallwelle sind Sekundäreffekte zu befürchten, also Konkurse von eigentlich gesunden Unternehmen, die durch Geschäftsbeziehungen mit mehreren gleichzeitig fallierenden Unternehmen in Mitleidenschaft gezogen werden. Dies wird bald dazu führen, dass jedes Unternehmen die Kreditwürdigkeit seiner Lieferanten und Abnehmer kennen muss und kennen will, um sich selbst gegen Kreditrisiken absichern zu können.

Wirklich bemerkenswert ist in diesem Zusammenhang die Äußerung des Gouverneurs der Banque de France und Mitglied des Direktoriums der EZB, François Villeroy de Galhau, den die FAZ am 24. Mai 2016 wie folgt zitierte: »Die Politik der EZB hat im vergangenen Jahr einen positiven Effekt auf die Profitabilität und Bonität der europäischen Banken gehabt.« Die FAZ führte weiter aus: »Er begründete dies mit der höheren Kreditvergabe, durch die der Druck auf die Zinsmargen habe aufgefangen werden können. Darüber hinaus habe sich mit den niedrigen Zinsen die Kreditwürdigkeit vieler Schuldner verbessert, wodurch die Banken weniger für Kreditausfälle vorsorgen müssten.«

Und diese Aussage macht die EZB vor dem Hintergrund, dass sie noch nicht einmal über Instrumente verfügt, die eine Messung und Vergleichbarmachung von Kreditrisiken in den von ihr beaufsichtigten Banken erlauben, wie das Versagen bei vier Stresstests eindrucksvoll gezeigt hat.

Wenn es eines Beweises bedurfte, wie weit sich das Denken der Führungsspitze der EZB von der ökonomischen Realität mittlerweile entfernt hat, dann ist es dieses Zitat.

Hinweis an den EZB-Rat: Wenn ein Risiko sehr lange Zeit nicht mehr schlagend wird, bedeutet das nicht, dass wir sicher sind. Es bedeutet, dass wir fällig sind.

2. *Die fehlerhafte Messung der Ausfallwahrscheinlichkeit durch interne Ratingverfahren*

Banken verwenden teilautomatisierte Ratingverfahren, um die Kreditausfallwahrscheinlichkeit jedes Kreditnehmers zu schätzen. Eingeführt wurden diese Systeme ab Ende der 1990er-Jahre im Zuge der Umsetzung der sogenannten Basel-II-Regeln.

Die von Banken eingesetzten internen Ratings verwenden eine Reihe von standardisierten Leistungskennzahlen, welche jede für sich einen Teilbeitrag zur Erfassung der Kreditwürdigkeit eines Unternehmens leisten. Die wichtigsten Kennzahlen bilden dabei die Eigenkapitalquote, die Profitabilität, die Zins-Tilgungsdeckung und Liquiditätskennzahlen ab. Warum diese vier? Das ist schnell erklärt:

Die Eigenkapitalquote sorgt dafür, dass ein Unternehmen Verluste verkraften kann. Es versteht sich von selbst, dass dann seine Wahrscheinlichkeit sinkt, durch einmalige oder kleinere Verlustereignisse pleitezugehen.

Ähnlich verhält es sich mit der Profitabilität. Wer Gewinne macht, macht eben keine Verluste. Und die Wahrscheinlichkeit, dass er sie in Zukunft macht, ist auch nach aller Erfahrung umso geringer, je höher die Gewinne heute sind.

Die Zins-Tilgungsdeckung hat etwas damit zu tun, dass ein Unternehmen, das Kredite aufnimmt, die Zinsen und die Tilgung aus dem zufließenden Cashflow bezahlen können muss.

Wenn das Unternehmen zum Beispiel nur 10 Prozent seines freien Cashflows dafür aufwenden muss, dann ist die Wahrscheinlichkeit, dass es das nicht schafft, geringer, als wenn es 99 Prozent dafür aufwenden muss.

Last not least die Liquidität. Das ist ganz einfach: Wer keine Kohle flüssig hat, kann seine Rechnungen und seine Raten nicht bezahlen. Das kann auch dann eine Pleite auslösen, wenn die Vermögenswerte da sind ...

Zwei dieser Kennzahlen, nämlich Profitabilität und Zins-Tilgungsdeckung, werden durch den Nullzins massiv verzerrt und geben ein falsches Bonitätssignal an das Ratingmodell. Dadurch werden Unternehmen systematisch zu gut geratet. Korrigiert man diesen Effekt, so wandern die Kreditnehmer in eine schlechtere Ratingklasse und signalisieren so ein deutlich höheres Risiko im Gesamtportfolio und auch einen deutlich höheren Kapitalbedarf für die Bank zur Deckung ihrer Risiken und zur Wahrung ihrer eigenen Bonität.

Das ist ganz einfach dadurch zu erklären, dass diese Systeme mit statistischen Daten parametrisiert wurden, die in einem normalen Zinsmarktumfeld zustande kamen. Sie sind nicht für eine Welt planwirtschaftlicher Nullzinsen konzipiert, ebenso wie Solarzellen nicht für eine dunkle Höhle gebaut sind. Die Kreditwürdigkeitsmessung, die Banken für ihre Kreditkunden durchführen, gehört deshalb in die Liste der Fehlbeurteilungen, die durch die Zinsverdunkelung ausgelöst werden.

3. Kalkulation mit dem häufigsten Wert statt mit dem Mittelwert

Der Wettbewerbsdruck, unter dem die Banken bei der Jagd nach Kreditmargen stehen, führt dazu, dass auch die gemessenen – zu niedrigen – Risikokosten in der Marge am Markt nicht durchgesetzt werden können.

Um ihre Fixkosten zu decken, neigen die meisten Banken seit jeher dazu, die Preissetzung nicht nach den erwarteten Kreditverlusten zu kalkulieren, sondern nach dem niedriger liegenden häufigsten Verlust, der zwar in den meisten Jahren auftritt, der aber in der Regel alle fünf bis sieben Jahre durch ein größeres meist zyklisches Verlustereignis auf ein höheres Mittel gezogen wird.

Das Problem dabei ist, dass es eben einige Jahre dauert, bis die Folgen dieser undisziplinierten Preissetzung sichtbar werden. Oft sind die verantwortlichen Manager dann schon lange weg, in einer anderen Position, einer anderen Bank oder in Rente.

4. Reduktion der Drohverlustrückstellungen auf Kredite

Der durch die Zinspolitik künstlich erzeugte Trend fallender Ausfallraten hat die meisten Banken nicht nur dazu verleitet, ihre Preiskalkulation vom tatsächlich eingegangenen Risiko abzukoppeln. Sie diente auch als Begründung für die schrittweise Auflösung der als Verlustpuffer dienenden Rückstellungen für Drohverluste aus Kreditgeschäften. Dies wird bei Eintreten der Nachholverluste aus der »Risikobugwelle« aufgeschobener Ausfälle dazu führen, dass diese Verluste ohne Zwischenpuffer direkt in das Eigenkapital der Banken schneiden werden.

Diese Gemengelage hat natürlich Auswirkungen auf die Erträge und die Eigenmittelausstattung der Banken. Ohne Gewinne kann das Eigenkapital nicht steigen, was in einer Post-Basel-II-Welt mittelfristig dazu führt, dass weniger Kredite vergeben werden können, zumal die Eigenkapitalanforderungen für Kreditrisiken regulatorisch seit Ausbruch der Krise systematisch nach oben getrieben worden sind (was ja isoliert und für sich genommen nicht falsch war).

Gleichzeitig führt die Erwartung von Kreditverlusten zu fallenden Bewertungen von Bankaktien. Die Aktienmärkte haben die Zusammenhänge intuitiv schon lange erfasst, ohne dass volle Klarheit darüber herrscht, wie sie sich genau umsetzen werden. Auch dies führt mittelfristig zu schrumpfenden Kreditvergabekapazitäten und damit zu Deflationserwartungen der Kapitalmärkte.

Der verzweifelte Versuch der EZB, Inflation zu erzeugen, indem man die Zentralbankgeldmenge aufbläht, verstopft also den Kanal der Giralgeldschöpfung, drückt bei Eintreten der Verluste die Gesamtgeldmenge und zwingt so die Deflation erst herbei, die man für seine Politik als Schreckgespenst bemüht hat. Schon jetzt gelingt es der EZB trotz Niedrigzinsen nicht, die Kreditmenge und damit die Geldmenge so auszuweiten, dass sie ihre Ziele erreicht. Das Geldmengenparadox ist der Grund dafür. Die sichtbare Erfolglosigkeit der EZB-Geldpolitik ist das Resultat. Und weil sie nicht wirkt, schreit man nach »Mehr«.

Fazit: Wir stehen vor einem Geldmengenparadox, das seinen Ausdruck darin findet, dass eine mit massiven Interventionen gewaltsam erzwungene Steigerung der Zentralbankgeldmenge zu einer Stagnation und später mit dem Eintreten der nachgeholten Pleitenwelle zu einer Schrumpfung der Gesamtgeldmenge führen wird und damit die Deflation auslöst, welche die EZB mit ihrer aggressiven Politik eigentlich zu verhindern trachtet.

Im Ergebnis staut die Zinspolitik der EZB ein gigantisches Ungleichgewicht an, das früher oder später nach Entladung drängt. Die nun seit fast zehn Jahren künstlich unter ihr natürliches Niveau gedrückte Rate der kreativen Zerstörung und damit der Unternehmenspleiten schafft eine Horde von Zombieunternehmen, die unter normalen Bedingungen nicht wettbewerbsfähig und nicht ausreichend produktiv sind, um zu überleben. Ihre Ansammlung in den Kreditbüchern der Banken infiziert und zombifiziert die Banken gleich mit und zerstört ihre Risikotragfähigkeit verdeckt und leise. In den Bilanzen der Banken wird dies nicht sichtbar, weil ihre Risikomessinstrumente es nicht anzeigen können.

Die Hoffnung, dass dieser Teufelskreislauf durch das Anspringen von Wachstum in der Eurozone durchbrochen werden könnte, ist trügerisch und wird sich aus einem sehr einfachen Grunde nicht erfüllen. Das Wachstum bleibt anämisch, weil die unproduktiven Unternehmen am Leben bleiben und Ressourcen, also Arbeit und Kapital, in ihren unproduktiven Verwendungen festketten. Diese Ressourcen stehen dann an anderer Stelle, wo sie effizienter und produktiver eingesetzt werden könnten, nicht mehr zur Verfügung.

Nur Produktivitätswachstum erzeugt Wirtschaftswachstum. Wundert es denn in der europäischen Politik niemanden, dass wir mitten in der durch Digitalisierung angetriebenen größten industriellen Revolution, welche die Menschheit je erlebt hat und die angeblich mehr als die Hälfte aller Arbeitsplätze überflüssig macht, die Produktivität nicht steigt? Wenn man das Gleiche mit weniger Leuten produzieren kann, dann ist das doch gerade die Definition von Produktivitätssteigerung! Angesichts der rasanten Ausbreitung der Digitalisierung müssten wir doch Produktivitätsfortschritte von mindestens 5 Prozent pro Jahr sehen. Tun wir aber nicht. Der Grund ist ganz wesentlich auch die Zombifizierung der Unternehmenswelt.

Und was nun? Wenn eine Zinserhöhung oder eine konjunkturelle Störung diese Pleitenwelle zur Entladung bringt, welche Länder der Eurozone sind dann noch in der Lage, ihre Banken zu retten? Wie wird sich die Kettenreaktion durch das Finanzsystem und das gesamte Wirtschaftsgefüge fortpflanzen? Welche politischen und geldpolitischen Optionen bleiben Europa dann?

KAPITEL 7

Der größte Hedgefonds der Welt – Deutschland

Der Zettel hier ist tausend Kronen wert. Ihm liegt gesichert,
als gewisses Pfand, Unzahl vergrabnen Guts im Kaiserland.

GOETHE, FAUST

Zehn Jahre Finanzkrise und Euro-»Rettung« haben uns eine geldpolitische und gesamtwirtschaftliche Zeitbombe beschert, die in ihrer Größe historisch ihresgleichen sucht.

Wenn deutlich wird, dass die aufgesparten Pleiten in einer sich brechenden Welle fallierender Zombieunternehmen nachgeholt werden, wird sich die heute scheinbar so gut gepolsterte Eigenkapitalausstattung des gesamten europäischen Bankensystems in heiße Luft auflösen. Das Finanzsystem könnte damit zum zweiten Mal innerhalb weniger Jahre pleite sein.

Wir müssen uns also zwingend mit den möglichen Folgen eines solchen Szenarios auseinandersetzen. Tun wir das nicht – und die europäische Politik unterlässt es ganz offensichtlich –, so handeln wir sträflich im Sinne der Zukunftsplanung und

Risikovorsorge. Wir müssen verstehen, welche Risiken sich aus dieser Analyse ergeben, um die richtigen Schlussfolgerungen für unser Handeln daraus abzuleiten.

Dabei gibt es unterschiedliche Elemente, die wir verstehen müssen. Erstens: Was bedeutet eine solche Krise für Deutschland? Zweitens: Was bedeutet eine solche Krise für Europa? Dieses Kapitel, »Hedgefonds Deutschland«, befasst sich mit der ersten Frage, Kapitel 8 mit der zweiten.

Wir müssen leider davon ausgehen, dass die europäischen Institutionen, allen voran die Europäische Zentralbank, die Anpassungskrise der oben beschriebenen Pleitenwelle nicht überleben werden. Die Rechnung der Bankenrettung ist schlicht zu groß, als dass sie nach dem Muster der Griechenlandrettung und der anderen Hilfsprogramme für Spanien, Portugal und Irland auf die Deutschen überwälzt werden könnte. Das Land ist dafür einfach nicht groß und reich genug. Das Rezept Merkel'scher Alternativlosigkeit wird also an seine Grenzen stoßen und die Bundesregierung, wer immer das dann sein wird, wird die Erfahrung machen, dass nichts ohne Alternative ist.

Wenn aber die versagenden Akteure mit ihren falschen Konzepten der bisherigen Eurorettungspolitik und ihrem Latein am Ende sind, was tritt dann ein? Die Rechnung ist da, und einer wird sie bezahlen, das steht fest. In diesem Falle bedeutet es, dass mit dem Ende der Schulden-Vergemeinschaftung auch die No-Bailout-Klausel des Maastrichter Vertrags aus dem Grab aufsteigt und jedes Land seine Banken selbst retten muss.

Einige werden das können, andere werden es nicht können, jedenfalls nicht innerhalb des Euro, weil die Märkte ihnen das Geld schlicht nicht zur Verfügung stellen werden.

Wer kann es wohl nicht? Italien, Portugal, Griechenland, Frankreich, Belgien. Sie alle haben Schuldenstände, die zu hoch sind, um hier noch ein weiteres Mal einen riesigen Schluck aus der Pulle zu nehmen. Wenn diese Länder aber aus dem Euro ausscheiden, um mit frisch gedrucktem eigenem Geld die eigenen Banken zu retten und so eine gigantische Depression abzuwenden, dann ist der Euro am Ende.

Der Euro kann sicher ohne Griechenland überleben, bei Italien wird es schon wackelig, bei Frankreich fällt der Hammer. Das Schicksal dieser Währung wird in Paris entschieden und nirgendwo sonst. Frankreich hat aber eine Staatsverschuldung von fast 100 Prozent des Bruttosozialprodukts, kaum weniger als Griechenland hatte, als dort die Krise 2011 ihren Anfang nahm.

Dabei erweist sich Frankreich als nachhaltig reformresistent. Der scheidende Präsident hinterlässt seinem Nachfolger wirtschaftlich nur »Sauce Malaise«. Der einzige halbwegs echte Reformer im Bewerberfeld der Wahlen hat sich durch alte Korruptionssünden jeder Glaubwürdigkeit beraubt. Die zwei Kandidaten der Linken unterscheiden sich in ihrer unverbindlichen Ambivalenz nur durch die Wahl der Plattheiten und ihre dem Revolutionsvokabular entliehenen Werbesprüche, obwohl wenigstens der als Unabhängiger mit linkem Lebenslauf antretende Macron die sprachlichen Versatzstücke der Marktwirtschaft langsam erlernt. Wird ein Spaß werden, dabei zuzusehen, wie er an Streiks, Parteiengezänk und Bürokratenobstruktion scheitert, falls er Präsident wird und es tatsächlich mit seiner netten Art versucht, Reformen anzustoßen. Last not least: Die Kandidatin der ganz Rechten, deren Chancen täglich steigen, will Frankreich ins protektionistische Trumpistan eingliedern.

Reform sieht wahrhaftig anders aus.

Da ist selbst der leiseste Optimismus für eine Kehrtwende in letzter Sekunde leichtsinniger Wunderglaube. Zum Glück hat wenigstens die Bundesbank ihr Gold aus Paris nach Hause zurückgeholt, bevor es einer jakobinischen Laune zum Opfer fallen kann.

Ich möchte an dieser Stelle vorwegnehmen, dass in Kapitel 8 ein Weg beschrieben wird, diesen Kollaps abzuwenden. Ich glaube aber nicht, dass die Politik ihn beschreiten wird. Sie wird auch anderen Vorschlägen, so sie denn kommen, nicht folgen. Zu groß sind die Hürden. Angefangen bei der unvermeidlichen Realitätsverweigerung: »So schlimm wird es nicht kommen«, »das sind doch Kassandrarufe«, »die ganze Logik des Katastrophenszenarios ist nicht schlüssig«. Das sind die vorgestanzten Sätze, auf die man sich schon mal einstellen kann, wenn diese Diskussion in eine ernste Phase eintritt.

Über die unmögliche Koordination in einer dysfunktionalen EU-Bürokratie bis hin zu den nationalen Egoismen und dem festen Glauben, dass Deutschland zahlen wird, egal wie hoch die Rechnung wird, werden die Widerstände gegen eine Risikovorsorge und Vorbereitung auf den Ernstfall obsiegen.

Wenn aber diese Währung scheitert, dann wird es sich erweisen, dass die Bundesrepublik Deutschland der größte Hedgefonds der Welt ist und dass seine Wette, um nicht zu sagen seine Zockerei, nicht aufgehen wird.

Was ist ein Hedgefonds? Ein Hedgefonds geht große Wetten ein in der Hoffnung, dass sie aufgehen. Tun sie das nicht, verliert er Geld. Hedgefonds wetten auf die unterschiedlichsten Dinge. Das können Investitionen in bestimmte Sektoren sein oder zum Beispiel auch Wetten auf makroökonomische Ereignisse, wie Währungsabwertungen. Der Hedgefonds des berühmten George Soros zum Beispiel wettete darauf, dass das Britische Pfund aus der in den 1990er-Jahren bestehenden »Europäischen Währungsschlange« ausscheiden und abwerten müsse – und gewann Milliarden!

So ähnlich macht es auch Deutschland, nur dass das Land nicht Milliarden gewinnen wird, sondern Milliarden verlieren wird. Es werden auch ein paar Nullen mehr sein als bei Herrn Soros. Das Land hat eine riesige Summe auf eine einzige makroökonomische Wette gesetzt, und wenn sie nicht aufgeht, ist Ihr Geld weg. Pardon, Ihr Geld ist gar nicht weg, es hat dann jemand anderes. Was da an Verlustrisiko im Topf liegt, dürfte sich auf mittlerweile etwa 1,5 bis 2 Billionen Euro belaufen, also noch mal der gleiche Betrag, den sich das Land an Staatsverschuldung insgesamt heute schon aufgeladen hat. Die Staatsschuld wird sich über Nacht verdoppeln. Die schwarze Null geht dann in Rente, und zwar für ganz lange Zeit.

Diese Wette lautet: Der Euro bleibt.

Wenn der Euro aber scheitert, dann wird die Spekulation des größten Hedgefonds der Welt nicht aufgehen. Die Bundesregierung hat jeden Bundesbürger vom Kleinkind bis zum Greis zu einem Anteilseigner an diesem größten Hedgefonds der Welt gemacht. Im Schnitt dürfte der Verlust pro Bürger bei ca. 25.000 Euro liegen. Eine vierköpfige Familie kann sich also schon mal drauf einstellen, dass ihr kleines Häuschen mit einer Zwangshypothek von 100.000 Euro belastet wird, wenn sie Pech hat.

Sie werden sich jetzt verwundert die Augen reiben und sich fragen: Wo bitte soll denn so eine Riesenwette abgeschlossen worden sein? Ja, wir haben ein paar hundert Milliarden Garantien in den ESM gesteckt und Griechenland gerettet, aber was ist mit dem Rest dieser gigantischen Summe?

Sie setzt sich zusammen aus mehreren Teilen, und jeder Teil hat einen anderen Mechanismus, der dann die Verluste für den kleinen Mann in Deutschland erzeugt.

Diese Komponenten lauten Target 2, Anleihen von EU-Staaten im Portfolio von Kapitalanlegern und investierte Mittel in die Vehikel der Eurorettung.

Fangen wir mit Target 2 an. Es ist das Verdienst von Prof. Hans-Werner Sinn, dem langjährigen Leiter des Ifo-Instituts, diese Risikobombe erkannt und benannt zu haben, als noch niemandem ihre Brisanz aufgefallen war. Target 2 ist ein Zahlungsverkehrs-Verrechnungssystem, das die innereuropäischen Geldströme zwischen den nationalen Zentralbanken, den Mitgliedsbanken des Eurosystems (ein anderer Name für EZB) steuert. In dieser Funktion ist es zugleich der künstliche Nebel, der die gewaltigen Zahlungsbilanzungleichgewichte zwischen den Ländern des Euroraums verdeckt.

Um das zu verstehen, müssen wir uns ein wenig mit den Begriffen Handelsbilanz und Zahlungsbilanz auseinandersetzen. Das klingt trocken, ist aber, wie Ihnen jeder Buchhalter bestätigen kann, rasend interessant.

Wenn zwei Länder miteinander Handel treiben, dann läuft das üblicherweise so, dass Land A die Güter, die es in Land B kauft, auch bezahlt. Um das auf Dauer zu können, muss es ebenso viel nach Land B verkaufen, um die Devisen zu verdienen, die es dafür braucht. Wenn das nicht der Fall ist, wird Land A seine Reserven angreifen, um die offenen Rechnungen zu bezahlen. Daher der Begriff Devisenreserven. Ziemlich einfach, oder?

Jetzt führen wir eine kleine Komplikation ein. Land A kauft bei Land B Güter im Wert von 2 Milliarden Euro, verkauft ihm aber nur Güter im Wert von einer Milliarde Euro. Devisenreserven hat es zwar, will sie aber nicht ausgeben. In dem Fall kann sich Land A bei Land B eine Milliarde Euro leihen. Was jetzt passiert, ist, dass Handelsbilanz und Zahlungsbilanz plötzlich auseinanderfallen: Die Handelsbilanz ist im Defizit, weil Land A mehr importiert, als es exportiert. Aber die Zahlungsbilanz ist o. k., weil Land B an Land A den fehlenden Betrag verliehen hat.

Auch noch immer ziemlich einfach, stimmt's?

Sie sehen somit auch gleich, dass so etwas nur begrenzt gut gehen kann. Ein Handelsbilanzdefizit setzt voraus, dass man die Differenz entweder aus den Reserven bezahlt oder dass einem das Geld geliehen wird – und zwar freiwillig. Wie funktioniert so eine Leihe? Ganz einfach: Investoren, zum Beispiel Versicherungsunternehmen in Land B, kaufen Anleihen aus Land A. Das können Staatsanleihen sein, aber auch Bankanleihen oder Unternehmensanleihen. Manchmal ist es auch ein direkter Kredit einer Bank in Land B an jemanden in Land A.

An diesen Kanälen der Finanzierung erkennen Sie aber auch sofort eines: Das erfolgt freiwillig und setzt deshalb voraus, dass die Investoren und Banken in Land B darauf vertrauen, dass Land A und seine Bürger, Unternehmen und Regierung willens und in der Lage sind, diese Kredite irgendwann zurückzuzahlen.

Das war innerhalb der Eurozone lange der Fall. Die Länder des Südens machten riesige Handelsbilanzdefizite, weil ihre Regierungen das Geld mit vollen Händen unters Volk, unter die Mafia und unter die Oligarchie brachten und weil die Industrie dieser Länder nicht wettbewerbsfähig war. Die angefachte Nachfrage der überbordenden Staatsausgaben wurde deshalb mit Importen befriedigt. Bezahlt wurde das mit einer riesigen Woge von Staatsanleihen, die von Investoren in Deutschland und anderen nordeuropäischen Staaten mit großem Appetit gekauft wurden, weil diese Länder ja jetzt im Euro und damit vermeintlich sichere Schuldner waren.

Dann kam die Eurokrise. Die Investoren verweigerten den Krisenländern das Vertrauen und den Kredit und weigerten sich standhaft, neue Anleihen zu kaufen, in der korrekten Annahme, dass das Risiko zu hoch ist, es nicht zurückzubekommen. Denn in der Zwischenzeit hatten sich diese Länder in ihrer Ausgabenwut alle so hoch verschuldet, dass ihre Ratings, also ihre von den Ratingagenturen angezeigte Kreditwürdigkeit, ins Rutschen kam. Dabei waren die Agenturen im Vergleich zur Realität noch echt nett zu denen.

In einer normalen Welt würde diese Austrocknung des ausländischen Kredits dazu führen, dass die Nachfrage nach Importgütern sich verringert, weil schlicht kein Geld mehr dafür da ist, sie zu bezahlen. Das hätte Regierungen und Bürger dieser Staaten gezwungen, die notwendigen Anpassungen beim Konsum und Lebensstil anzugehen, mit anderen Worten zu sparen und Reformen durchzuführen.

So funktioniert die Eurowelt aber nicht.

In der Eurowelt gibt es ein kleines, unauffälliges Ventil, welches in der Lage ist, Handelsbilanzdefizite bzw. das aus ihnen im Falle einer Finanzierungsverweigerung durch das Überschussland resultierende Zahlungsbilanzdefizit unbegrenzt zu finanzieren. Unbegrenzt? Unbegrenzt wie unendlich? Ja, Sie haben richtig gelesen: Unbegrenzt!

Und das geht so: Das Eurosystem ist einerseits hierarchisch organisiert, mit der EZB an der Spitze. Dort sitzt der EZB-Zentralbankrat am runden Tisch wie weiland König Artus und die Tafelrunde und bestimmt, wo es langgeht. Andererseits ist das Eurosystem aber zugleich föderal organisiert, mit den nationalen Notenbanken als Mitglieder, also die Bundesbank, die Bank von Frankreich, die Nationalbank von Griechenland usw.

Die Zahlungsströme zwischen den beteiligten Volkswirtschaften werden zwischen diesen einzelnen nationalen Notenbanken abgewickelt. Wenn also zum Beispiel Griechenland für 500 Mio. Euro Autos aus Deutschland importiert, aber sie eigentlich nicht bezahlen kann, weil die Bank von Griechenland das Geld nicht hat, dann macht das gar nichts. Denn im Zahlungsverkehrssystem Target 2 hat Griechenland bei Deutschland oder besser die griechische Notenbank bei der Bundesbank ein Überziehungskonto. Sie haben schon wieder richtig gelesen! Ein Überziehungskonto. Und zwar eines ohne Limit!

Was also nun passiert, ist Folgendes: Der Autoimporteur will die 500 Mio. Euro an den deutschen Hersteller bezahlen. Ob er das mit eigenem Geld oder mit einem Kredit von seiner Bank tut, spielt dabei erst mal keine Rolle. Unser ehrlicher Grieche beschafft sich das Geld und überweist es nach Stuttgart oder München oder Wolfsburg.

Die Bank aber, bei der er Kunde ist, die hat das Geld nicht, weil sie, wie wir seit dem Stresstestkapitel weiter oben wissen, auf dem Zahlfleisch, äh Zahnfleisch geht. Also wird sie sich das Geld bei der griechischen Notenbank leihen und es dann im Auftrag des Autohändlers nach Deutschland überweisen. Der Autohersteller lässt das Geld auf seinem Bankkonto liegen. Seine Bank hinterlegt es bei der Bundesbank, weil sie gerade keinen Kreditnehmer hat, dem sie die 500 Mio. verleihen kann. Dort liegt es jetzt auf einem Konto der Geschäftsbank des Autoherstellers.

Weil aber die griechische Notenbank das Geld nicht hat, leiht sie es sich über das Zahlungsverkehrssystem Target 2 bei der – sie erraten es nicht!!! – Bundesbank! Tatatataaaaa! Oh, Sie haben es ja doch erraten! Die Zahlungsbilanz ist ausgeglichen, die Griechen schulden Deutschland 500 Mio. Euro. Genauso läuft es, wenn ein griechischer Familienvater aus Sorge um sein Erspartes sein Geld von der Bank abhebt und es für den Kauf einer Immobilie nach Berlin trägt. Seine Bank muss sich das bei der Zentralbank leihen, der Immobilienverkäufer in Berlin trägt den Kaufpreis auch auf seine Bank und – schwupps! – muss die Bundesbank der griechischen Notenbank auch dieses Geld wieder leihen, um die Salden auszugleichen. So erhält unser Grieche in Deutschland Eigentum an einem wertstabilen und werthaltigen Vermögensgegenstand und im Gegenzug erhalten wir eine Forderung, die wertlos wird, sobald wir sie wirklich einfordern würden. Faires Geschäft, was?

Technisch betrachtet gibt es noch eine kleine Komplikation: Die Überziehungskonten laufen nicht zwischen den Griechen und den Deutschen, sondern über Sammelkonten bei der EZB. Das sieht dann so aus, als hätten die Griechen die Schulden bei der EZB und die Deutschen das Guthaben bei der EZB. Ökonomisch macht das aber überhaupt keinen Unterschied.

Das gleiche Prinzip kommt zur Geltung, wenn die griechische Notenbank oder eine andere Notenbank in der Eurozone Staatsanleihen aufkauft.

Und es würde auch greifen, wenn Herr Enria, der oben bereits erwähnte Generalissimus aller Stresstests und Aufsichtszampano in der EBA, seinen Willen bekommt und für die 1.000 Milliarden Euro schlechten Kredite im europäischen Bankensystem eine große Bad Bank einrichtet, in der angeblich alle Staaten für ihre jeweiligen Banken selbst haften. Was würde denn passieren, falls Italien ein paar hundert Milliarden Euro benötigt, um das zu leisten? Es müsste eine riesige Anleihe ausgegeben werden, die nicht nur die Handels- und Zahlungsbilanz Italiens weiter ins Ungleichgewicht führt, sondern Herr Draghi würde neues Kaufmaterial für sein Anleiheaufkaufprogramm bekommen. Die Anleihen landen dann auf dem EZB-Buch, wo am Ende doch gemeinsam gehaftet wird. Und die Zahlungsbilanzdefizite im Target-2-System als Überziehungskredit bei der Bundesbank.

Wir brauchen gar keine Eurobonds mehr, um alle Haftungen zu vergemeinschaften. Wir haben den Überziehungskredit. Er ist das ultimative Instrument der Schuldensozialisierung, sprich Überwälzung auf Deutschland und seine Institutionen und damit letztlich seine Bürger. Mit Bürger meine ich an dieser Stelle übrigens Staatsbürger, also die Gruppe, die unsere Kanzlerin neulich als diejenigen bezeichnet hat, »die schon länger hier leben« (früher bekannt als das »Volk«), in Abgrenzung zu »denjenigen, die neu dazugekommen sind« (auch bekannt als Teil der »Bevölkerung«). Wenn dieser Haftungsfall eintritt, wird er wohl die deutschen Staatsbürger treffen, denn die zweite Gruppe wird nicht in der Lage sein, zu dieser Rechnung beizusteuern. Die erste Gruppe wird allerdings dann auch nicht mehr in der Lage sein, die zweite zu alimentieren. Auf die daraus resultierenden Verteilungskämpfe darf man heute schon neugierig sein.

Den Überziehungskredit haben die Herren und Damen Währungshüter im Zahlungsverkehrssystem lange so gut versteckt, dass es keinem aufgefallen ist. Aber auch ein Überziehungskredit ist ein Kredit. Der ist nur so lange harmlos, wie er nicht zurückverlangt wird. Und zurückverlangt wird er nicht, es sei denn ... der Euro bricht auseinander. Dann müssen alle Salden in der EZB glattgestellt werden, so fordern es die Verträge. Werden sie aber nicht, denn die Schuldner dieses Überziehungskredites werden sich darauf zurückziehen, dass ihnen gar nicht klar war, dass sie da einen Kredit aufnehmen. Und jetzt sollen sie den auch noch zurückzahlen? Spinnt ihr, ihr Deutschen? Ihr seid doch schuld am Scheitern des Euro mit euren Überschüssen und eurem Geiz!

Schreiben Sie das Geld also schon mal ab. In der allgemeinen »Rette-sich-wer-kann«-Stimmung des Euro-Untergangs sind Vertragstreue und Rückzahlung von Schulden ausgerechnet an die Deutschen das Letzte, was unsere Partner dann auf der Agenda haben werden, mal abgesehen davon, dass sie es gar nicht zurückzahlen könnten, selbst wenn sie es wollten.

Ach ja, bevor ich es vergesse. Per heute (Ende Februar 2017) betragen die Außenstände der Bundesbank in diesem kleinen obskuren Überziehungskonto schlappe 800 Milliarden Euro, Tendenz mit etlichen Milliarden Euro pro Monat steil ansteigend, zinsfrei, versteht sich. Das entspricht knapp drei Jahreshaushalten der Bundesregierung. Hat die Bundesbank ja noch mal Glück gehabt, dass sie darauf keine Strafzinsen zahlen muss! Sollte ich hier vielleicht besser nicht reinschreiben, sonst kommen die Herren und Damen von der EZB noch auf schräge Ideen.

Um diesen Betrag wird die Bundesbank erleichtert werden, wenn der Euro scheitert, und damit die Deutschen, denn ihnen gehört die Bundesbank zufällig.

Schauen wir uns den zweiten Posten an: Die Nettovermögensposition der Deutschen als Investoren in Anleihen des Euroraums. Was ist das? Im Gegensatz zu der unfreiwilligen Kreditvergabe an die Partnerländer im Euro über Target 2 ist das der Betrag, den wir freiwillig und gegen Zinsen ausgeliehen haben. Die Zinsen sind zwar dank der Aufkaufprogramme der EZB mickrig, aber immerhin noch nicht negativ.

Bricht der Euro auseinander, gibt es dazu zwei Varianten: eine schlechte und eine ganz schlechte.

Die schlechte Variante: Das Geld, das uns unsere Partner schulden, bekommen wir nicht wie vereinbart in Euro zurück, sondern in neuen Lira, neuen Franc, neuen Peseten und neuen Escudos. Da können Sie schon mal im Kopf ausrechnen, um wie viel die Kaufkraft dieser künftigen Inflationswährungen niedriger sein wird als die des Euro, dessen Stabilitätsstütze Deutschland gewesen sein wird.

Die ganz schlechte Variante: Wir bekommen gar nichts zurück und werden aus Dankbarkeit für die Dummheit, an Vertragstreue in einem vereinten Europa geglaubt zu haben, mit dem Totalverlust abgestraft. Denn auch das ist klar: Die Bankenkrise, die das Zeug hat, den Euro zu zerstören, hat auch das Zeug, alle diese Länder in eine depressive Deflation zu stürzen. Das bedeutet: Staatspleite und Schuldenschnitt. Und wenn man dann jemanden hat, den man moralisch für die Katastrophe verantwortlich machen kann, und da bieten sich die Deutschen ja an, dann wird der Schuldenschnitt ungefähr bei null angesetzt.

Es werden sich Populisten finden, die das durchsetzen können. Das war schon im Mittelalter so, wenn sich der Pöbel mithilfe von Pogromen gegen die Geldverleiher seiner Pflichten und Schulden entledigte. Die Geldverleiher waren die moralisch Schuldigen. Wenn es nicht so kommt, fänden wir das alle super. Aber wie viel Kooperation und Vernunft gelten im Chaos, wenn sie sich schon in den einigermaßen übersichtlichen Verhältnissen von heute nicht durchgesetzt haben, wo es um weniger harte Entscheidungen geht? In einer überschuldeten Welt ist es nicht gut, Gläubiger zu sein.

Und, jetzt hätte ich das beinahe vergessen: Die Summe der Forderungen deutscher Investoren beträgt im Euroraum ca. 2.800 Milliarden Euro. Davon etwa 1.500 Milliarden Euro in Ländern, deren Schuldentragfähigkeit vor dem Hintergrund ihrer bestehenden Verschuldung bei normalen marktgerechten Zinsen schon als nicht mehr gegeben angesehen werden darf. Das sind Belgien mit 140 Milliarden Euro, Frankreich mit 560 Milliarden Euro, Griechenland mit 50 Milliarden Euro, Irland mit 200 Milliarden Euro, Italien mit 233 Milliarden Euro, Portugal mit 30 Milliarden Euro, Spanien mit 270 Milliarden Euro und Zypern mit 10 Milliarden Euro.

Wie viel davon im Falle eines Scheiterns des Euro zurückfließt, weiß Gott allein. Das vergrabne Gut im Kaiserland bleibt vergraben, da können auf dem Schuldschein des Mephistopheles so viele Nullen draufstehen, wie sie wollen.

Und wenn der Euro nicht scheitert, weiß es wahrscheinlich auch nur Gott. Immerhin, was wir bisher über das Rettungsvehikel ESM etc. nach Griechenland geschickt haben, ist da schon drin.

Es lohnt sich, an dieser Stelle noch drei kleine Fragen zu beleuchten:

Wo entstehen die Verluste, wenn die Staatsanleihen der schwächeren Euroländer entwertet werden? Wie betrifft das Lebensversicherungen und Pensionsfonds?

Ist Herr Draghi ein guter Vermögensanlageberater?

Und was passiert mit einer Bundesbank, wenn sie den Verlust von 800 Milliarden Euro verkraften muss, weil Target 2 weg ist?

Wo entstehen die Verluste?

Der Anleger stellt sich jetzt natürlich die Frage, wo denn die vielen Anleihen und Kredite gebunkert sind, mit denen sich unsere Nachbarn im Euro bei den Deutschen so hoch verschuldet haben, dass fast 3 Billionen Euro dabei herauskommen. Die Antwort ist vergleichsweise einfach. Es gibt da zwei Endlager für diese Wertpapiere:

Zum einen ist da die Versicherungswirtschaft, vor allem Lebensversicherungen, die man über die Kombination von Garantiezins, den die Lebensversicherer den Versicherten bezahlen müssen, und Nullzins, den sie für risikoarme Kapitalanlage erhalten (oder besser: nicht erhalten) in diese Risiken geradezu hineingetrieben hat.

Zum anderen sind da die Geschäftsbanken, die an andere Banken, Unternehmen, Gebietskörperschaften und Regierungen im EU-Ausland direkt Kredite vergeben haben und die man mit Hilfe aufsichtsrechtlicher Liquiditätsregeln zwingt, Staatsanleihen in großer Menge in die Bücher zu nehmen.

Beide Varianten sind nicht wirklich beruhigend für Otto Normalsparer:

Der Teil, der bei den Lebensversicherungen verloren geht, wird direkt seinen Beitrag zur künftigen Altersarmut leisten. Die Verluste der Banken werden die Probleme, die zum Beispiel italienische Kreditinstitute schon heute haben, in das deutsche Bankensystem importieren. Ich möchte darauf wetten, dass es wieder die gleichen Häuser erwischt, die sich schon vor der Krise 2007 mit Hypothekenverbriefungen mit Top-Ratings eingedeckt haben, sofern die noch existieren. Also: Die West-LB und die Hypo Real Estate scheiden hier schon mal aus. Tröstlich.

Würden Sie Herrn Draghi als Anlageberater beschäftigen?

Das ist ja eigentlich eine verwegene Frage, der Mann hat ja schließlich schon einen Job. Aber dazu müssen Sie wissen, dass sich der EZB-Präsident quasi um diesen anderen Job als Ihr Anlageberater beworben hat. Konkret hat er schon mal freigiebig und kostenlos an alle Deutschen den aus seiner Sicht guten Rat verteilt: Wenn ihr Deutschen so unzufrieden seid mit dem Nullzins, dann seid ihr selbst schuld an der schlechten Rendite eurer Ersparnisse! Denn wie wir alle wissen, hat der Deutsche keine Aktienkultur und keine Wagniskultur, er investiert am liebsten in festverzinsliche Papiere, Sparbücher und Lebensversicherungen. Ja, der dumme Michel, so ist er halt nun mal! Es wäre doch aus Sicht von Herrn Draghi zu raten, dass der Michel jetzt mal umschichtet, und zwar ganz konkret in Aktien!

Nicht dass es in Deutschland überhaupt genug Aktien gäbe, um eine solche Umschichtung in großem Stil zu akkommodieren, nicht dass es den Meister aller Geldpressen etwas angeht, wie risikoavers oder risikogeneigt jeder Einzelne von uns sein Geld anlegt, nicht dass es so wäre, dass der Aktienmarkt dank Herrn Draghis Zinspolitik wahrscheinlich heute schon eine Blase gebildet hat, deren Platzen jeden Späteinsteiger um 30 bis 50 Prozent seines Vermögens bringen dürfte! Das sind alles Petitessen kleingeistiger preußischer Pickelhauben und schwäbischer Hausfrauen. Danke, Herr Präsident, dass Sie uns so wertvollen Rat auch noch kostenlos dargereicht haben!

PS: Ganz sicher braucht Deutschland mehr Aktienkultur und auch mehr unternehmerische Risikokultur. Doch zu diesem Rat in der aktuellen Lage kann man nur sagen: Danke, aber nein danke!

Was macht die Bundesbank mit einem negativen Eigenkapital?

Für den Fall, dass die Bundesbank die gesamten Target-2-Salden abschreiben muss, wird ihr Eigenkapital in der Bilanz in der Größenordnung von einigen hundert Milliarden Euro negativ. Ob sie dann noch funktionsfähig bleibt, ist noch nicht ausgemacht. Grundsätzlich wäre sie nicht die erste Zentralbank, die ein negatives Eigenkapital hat, ein Tatbestand, der bei einer normalen Bank als Überschuldung mit der Folge der Insolvenz zu bezeichnen ist. In gewissem Rahmen wurde das von anderen schon gemacht, und es hat leidlich funktioniert, weil ja jedes Land irgendein Zahlungsmittel braucht.

Allerdings könnte das Grenzen haben. Die Kernfrage wird sein, ob die Wirtschaftssubjekte in einem neuen DM-Raum trotz dieses Riesenlochs in der Bilanz Vertrauen zu ihrer Zentralbank haben und es auch aufrechterhalten. In dem Fall kann die Zentralbank über einen langen Zeitraum die Lücke mit Gewinnen aus ihren Geldgeschäften schließen, ein Teil wird wohl auch durch Garantien und Zuschüsse des Steuerzahlers auszugleichen sein.

Einen Leidtragenden gibt es aber dennoch auf jeden Fall: den Bundesfinanzminister, der wohl vor dem Jahr 2200 keine Gewinnausschüttung der Bundesbank mehr erhalten wird.

KAPITEL 8

Ein Weg aus der Falle?

Ein einziger Grundsatz wird dir Mut geben,
nämlich der, dass kein Übel ewig währt.

EPIKUR

Wo aber Gefahr ist, wächst das Rettende auch.

FRIEDRICH HÖLDERLIN

Habe den Mut, dich deines Verstandes zu bedienen.

IMMANUEL KANT

Der frühere amerikanische Notenbankchef Alan Greenspan
äußerte 1997 den Satz: »Der Euro wird kommen, und er wird
keinen Bestand haben.« Der liberale Denker Ralf Dahrendorf
prognostizierte 1998: »Der Euro spaltet Europa.«

Falls die in diesem Buch vorgelegte Analyse zutrifft und sich
die Krise entfaltet, werden beide recht behalten, und das ist für
jeden, dem Europa als Heimat lieb und teuer ist, mehr als nur
bedauerlich. Es bleibt wahr: Wir brauchen Europa, wenn wir

die geostrategischen Herausforderungen, die Globalisierung, den technologischen Wandel und die Gefahren für die internationale Ordnung und den Frieden meistern wollen.

Wenn der Streit um Hunderte, ja Tausende Milliarden Euro zwischen Gläubigern und Schuldnern im Euroland eskaliert, dann ist es unwahrscheinlich, dass wir den Übergang vom Europa der Bürokraten zum Europa der Vaterländer, wie es de Gaulle visionär angestrebt hat, schaffen werden. Die gegenseitigen Schuldzuweisungen werden das verhindern.

Eine Analyse der Krise ist daher nicht vollständig, wenn sie nicht wenigstens den Versuch unternimmt, Auswege und Optionen aufzuzeigen, selbst wenn diese nicht mehr als Trittsteine sein können, die aus einem morastigen und undurchsichtigen Gewässer aufragen.

Was also tun?

Der naheliegende Vorschlag, den weiteren Aufbau der Ungleichgewichte im Kreditsektor durch eine Beendigung der Niedrigzinspolitik zu stoppen, ist für sich betrachtet und isoliert leider ungeeignet, eine massive Anpassungskrise zu verhindern. Dies hat mehrere Ursachen:

1. Die Ungleichgewichte im Kreditsektor sind bereits zu hoch. Eine Zinswende würde die bestehenden Ungleichgewichte wahrscheinlich freisetzen und über eine Welle von Verlusten das Bankensystem so stark belasten, dass die systemische Krise eintritt, die verhindert werden soll. Die Staaten der Eurozone haben nicht mehr die Mittel, um die Folgekosten zu tragen. Dabei sind die jetzt bekannt gewordenen 360 Milliarden Euro schlechter Kredite im italie-

nischen Bankensektor nur die Spitze eines europäischen Eisbergs. Ich bin überzeugt, dass die Zahl in Italien nicht unterhalb von 550 Milliarden Euro haltmachen wird. Für ganz Europa wiegt dieses Krokodil im Gartenteich mindestens 1.000 Milliarden Euro, wahrscheinlich aber weit mehr als 1.500 Milliarden Euro. Der Internationale Währungsfonds veröffentlichte am 6.10.2016 eine Schätzung, die dem mit 900 Milliarden US-Dollar schon nahekommt. Wirklich irritierend nur, dass die in Kapitel 6 beschriebenen Kreditverluste von 1.000 bis 1.500 Milliarden Euro obendrauf kommen, weil sie per definitionem noch nicht eingetreten sind. Denn die Zombieunternehmen können ihre Nullzinsbelastung immer noch verdienen und bedienen, weil sie eben fast null beträgt.

Mit anderen Worten: Wir sitzen alle gemeinsam in der Falle, die die EZB sich selbst und uns mit ihrer keynesianisch inspirierten Zinspolitik gegraben hat. Wie Herr Renzi bzw. sein gerade installierter Nachfolger Gentiloni den absehbaren Verlust von mehreren Hundert Milliarden Euro in der italienischen Kreditwirtschaft mit einer staatlichen Geldspritze von 40 Milliarden Euro heilen will, gehört dabei nur am Rande zu den Merkwürdigkeiten europäischer Fiskal- und Finanzmarktpolitik. Das klingt, als wolle man einen 50 Meter breiten Graben mit einer vier Meter langen Holzlatte überwinden. Arithmetik scheint einfach nicht ihre Stärke zu sein. Aber ich habe neulich gelesen, dass Herr Renzi bei der Organisation seines Comebacks seine Wähler und Anhänger am Ende seiner Texte immer mit »Love, Matteo« verabschiedet. Vielleicht nützt das ja auch hier was. Ich fürchte aber, dass wir irgendwann einen Brief bekommen, in dem drin steht: »Liebe Nordeuropäer, wir zahlen nicht zurück. Love, Matteo.«

2. Die Krisenländer des Euroraums müssen pro Jahr über 1.000 Milliarden Euro an fälligen Altschulden refinanzieren. Auch wenn sie in der Lage wären, eine höhere Zinsbelastung zu tragen, würde die Refinanzierung bei einer gleichzeitig stattfindenden Bankenkrise mit ziemlicher Sicherheit an einer Angebotsrationierung scheitern. Es bliebe nur noch der Ausweg der – eindeutig illegalen – direkten Staatsfinanzierung durch die EZB.

3. Die Kredit- und die Versicherungswirtschaft haben durch die Bilanzstrukturpolitik bei steigenden Zinsen hohe Kursverluste aus Wertpapieranlage und Derivatebüchern zu erwarten. Für Banken würde dies die Krise verstärken, für etwa 40 bis 60 Prozent aller Lebensversicherungen würden Kursverluste auf Wertpapiere den Protektor-Fall auslösen, wenn sie nach einer Zinswende nach Marktwerten bilanziert werden. Das Vertrauen in die Hauptsäule privater Altersvorsorge wäre irreparabel zerstört.

Wie immer im Leben gibt es dennoch unterschiedliche Möglichkeiten, wie sich dieses Problem entfaltet und zu welchen Ergebnissen es führt. Ganz wesentlich hängt dies von der Frage ab, ob und wie sich die Politik darauf vorbereitet. Notwendig ist ein Maßnahmenbündel, welches die Ungleichgewichte auf allen Feldern simultan adressiert. Wie könnte dieses aussehen? Es sollte aus mehreren ineinandergreifenden Teilen aufgebaut sein:

Notwendiges Maßnahmenbündel

1. Wiederherstellung der Kreditwürdigkeit der Euro-Staaten durch einen Debt-for-Equity-Swap

2. Wiederherstellung der Risikotragfähigkeit der Banken durch Deregulierung, Kostenabbau und Re-Kapitalisierung

3. Stabilisierung der Pensionskassen und Lebensversicherungen

4. Reparatur der fehlgeschlagenen Governance des Euro

5. Anschließend Rückkehr zu einer marktorientierten Zinspolitik

1. Wiederherstellung der Kreditwürdigkeit der Euro-Staaten durch einen Debt-for-Equity-Swap

Die nachhaltige Entfernung der Euroländer vom 60-Prozent-Schuldenstandskriterium des Maastricht-Vertrages erzwingt einerseits einen starken Anreiz für die Mehrheit des Zentralbankrats, die Zinsen auf null zu halten (mit den oben beschriebenen Folgen), und zerstört andererseits die Handlungsfähigkeit der Euroländer, auf die kommende Krise der Banken reagieren zu können. Eine weitere Bankenkrise wäre für die meisten Staaten schlicht nicht finanzierbar, weil die Schuldenstände zu hoch sind.

Es wird politisch unmöglich und auch nicht wünschenswert sein, Eurobonds für eine Vergemeinschaftung von Schulden oberhalb der Maastricht-Grenze von 60 Prozent einzuführen, da dies die Anreizprobleme noch verschärfen würde. Dabei hat sich die Verschuldungsquote großer Staaten wie Italien und Frankreich in den letzten Jahren permanent verschlechtert, weil das Wirtschaftswachstum anämisch war. Die oft zitierten Primärüberschüsse als Messgröße sind irreführend, weil die Zinsaufwendungen, die nicht Teil dieser Kennzahl sind, reale Abflüsse aus den Staatsbudgets darstellen (zudem werden sie durch die Geldpolitik verzerrt). An der Verschlechterung dieser Kennzahl hat auch die Nullzinspolitik nichts zu ändern vermocht. Sie stellt lediglich sicher, dass die Refinanzierung fällig werdender Anleihen nicht an Mengenrationierungen der Märkte scheitert, und subventioniert die Reformunfähigkeit oder Reformunwilligkeit der Defizitländer.

Beispielhaft für die fiskalische Disziplin im Euroraum auch nach der Einführung des Stabilitätspaktes ist übrigens eine Zahl: Fast 140 Mal wurde der Maastrichter Vertrag durch Überschreitung von Schuldenobergrenzen bisher verletzt, ohne dass es ein einziges Mal zu Sanktionen gekommen wäre.

Eine noch nicht betrachtete Option ist die besicherte Übernahme von staatlichen Verbindlichkeiten durch eine gemeinsame europäische Schulden- und Privatisierungstreuhand, die gleichzeitig mit der Übernahme der Schulden oberhalb der Maastricht-Grenze von 60 Prozent des Bruttosozialprodukts Eigentümerin aller privatisierbaren Vermögenswerte der betroffenen Mitgliedsstaaten wird.

Diese Treuhandgesellschaft sollte privatwirtschaftlich organisiert und auch so geführt werden. Die EU-Bürokratie wäre auf keinen Fall in der Lage, so etwas zu leisten, ohne ein Monster an Ineffizienz und Korruption zu erschaffen. Das Management sollte ausschließlich erfolgsorientiert vergütet werden. Erfolg wird nur gemessen am erzielten Privatisierungswert.

Jedes andere, mehrdimensionale Anreizsystem würde der Manipulation und dem Filz Tür und Tor öffnen.

Eine solche »europäische Treuhandgesellschaft« hätte vier Aufgaben:

Vier Aufgaben einer europäischen Treuhandgesellschaft

1. Restrukturierung der an sie übertragenen Vermögenswerte. Hierfür wäre ein Investitionsbudget von ca. 300 Milliarden Euro ausreichend, welches proportional zu den übertragenen Vermögenswerten auf die abgebenden Länder zuzuteilen ist. Ziel ist die überproportionale Wertsteigerung der Vermögenswerte vor der Privatisierung zugunsten des Fonds. Zur Gegenfinanzierung sollte der unsinnige, vom schwefligen Geruch der Planwirtschaft befallene Juncker-Plan abgeschafft werden.

2. Unwiderrufliche Privatisierung über einen Zeitraum von zehn Jahren.

3. Rückzahlung der Schulden aus den Erlösen der Privatisierung.

4. Rückzahlung eventuell danach noch verbleibender Defizite durch die ursprünglichen Schuldnerstaaten. Diese können sie dann auch ohne Probleme tragen.

Stellt man die auf die gemeinsame Schuldenabwicklung zu übertragenden Verbindlichkeiten der Staaten jenseits der 60-Prozent-Maastricht-Grenze den Vermögenswerten, die für eine Privatisierung zur Verfügung stehen, gegenüber, so ergibt sich auf einer Land-für-Land-Betrachtung ein verbleibendes Gesamtdefizit zwischen 570 und 1.180 Milliarden Euro. Der von Deutschland selbst einzubringende Schuldenbetrag von ca. 340 Milliarden Euro reduziert dabei das Risiko der Bundesrepublik, sodass sich ein Gesamtrisiko von 230 bis 840 Milliarden Euro ergibt, von dem 26 Prozent auf die Bundesrepublik entfallen. Mit dieser Maßnahme kann die Schuldentragfähigkeit aller Volkswirtschaften des Euroraums so weit wiederhergestellt werden, dass eine langfristige weitere Reduzierung aus eigener Kraft mit Disziplin für jedes Land möglich wird.

2. Wiederherstellung der Risikotragfähigkeit der Banken

Die Sanierung des Kreditsystems muss an den Elementen Erträge, Kosten und Risikotragfähigkeit gleichzeitig ansetzen. Dies muss in einem Maßnahmenbündel geschehen:

Senkung der regulatorischen Kosten

15 bis 20 Prozentpunkte der Cost-Income-Ratio der Banken ergeben sich aus der Compliance für regulatorische Maßnahmen, insbesondere im Zusammenhang mit Reporting, Berechnung und Bericht neuer Kennzahlen und Duplikation der Regulierung durch parallele Erfüllung unterschiedlicher nationaler und europäischer Anforderungen.

Der Beitrag dieser Anforderungen zur Sicherheit des Bankensystems ist gering und unter Berücksichtigung der immensen

Kosten wohl negativ, insbesondere wenn man bedenkt, dass die aktuell sich abzeichnende beschriebene Bedrohung der Stabilität durch das ausufernde regulatorische Berichtswesen in keiner Form erkannt wurde.

Beispiele hierfür sind die von der EZB und der EBA durchgeführten Asset Quality Reviews AQR und die Stresstests, deren methodische Qualität nicht im Geringsten die Anforderungen für ein wissenschaftlich fundiertes methodisches und transparentes Vorgehen erfüllte und deren mangelnde Treffsicherheit im Rückblick in vollem Umfang das methodische Desaster offenbarte.

Anzahl und Sinn der sich überschlagenden Welle an Regulierung erschließen sich auch dem informierten Betrachter kaum noch. Es ist einfach falsch zu behaupten, dass die Regulierungswelle die Banken sicherer gemacht hätte. Würde das stimmen, dann wären die Banken ja sicherer. Ganz offenkundig sind sie es aber aufgrund der Erosion ihrer Erträge, der schleichenden Risiken in ihren Kreditbüchern und ihrer explodierenden Kosten nicht!

Dass die Vertreter der EZB bei ihren öffentlichen Auftritten gegen jedes bessere Wissen immer noch so tun, als hätten die Stresstests valide Aussagen geliefert und könnten also Grundlage rationaler geld- und wirtschaftspolitischer sowie regulatorischer Entscheidungen sein, können Sie daher getrost unter dem Stichwort »skandalös« abbuchen.

Was wir zudem erleben, ist ein Wettbewerb der nationalen und europäischen Regulierungsbehörden um regulatorischen Raum und Einfluss. Dieser verleitet die Akteure zu immer neuen, unsinnigen und teuren Anforderungen. In Wahrheit haben die Aufseher gar nicht das Personal, um die Datenflut zu lesen, zu der sie die Banken unter Aufwendung von Milliardenkosten zwingen, von interpretieren ganz zu schweigen. Liebe Aufseher: Auch wenn ihr das glaubt, ihr könnt Banking nicht besser als die Banken! Ihr tut aber mit Eurem Mikromanagement so, als sei das der Fall!

Wie sehr die rechte Hand in der europäischen Regulierungslandschaft nicht weiß, was die linke tut, spiegelt eine Anekdote wider, die mir der Chief Risk Officer einer europäischen Großbank erzählte: Der Mann bekam innerhalb einer Woche zweimal Post von der gleichen Regulierungsbehörde. Im ersten Brief stand sinngemäß, dass er sich unterstehen solle, über die verschiedenen Länder, in denen die Bank tätig ist, die gleichen Risikomessverfahren einzusetzen, weil das zu einem Konzentrationsrisiko führen könne. Im zweiten Brief stand, dass er gehalten sei, in allen Ländern das gleiche Verfahren einzusetzen, weil nur so Konsistenz der Risikomessung erreicht werden könne. Der Mann kann es sich jetzt aussuchen. Egal, was er macht, er verstößt gegen eine Vorgabe der Bankaufsicht und steht mit einem Bein auf der Abschussliste.

Die Kosten dieser aus dem Ruder gelaufenen Übung sollten reduziert werden, und zwar drastisch. Das geht mit einer Fokussierung der Aufsicht auf die Dinge, die wirklich wichtig sind, und mit einer Rückbesinnung auf handwerklich bessere Arbeit bei der Risikotransparenz.

Vielleicht wäre es ja auch bedenkenswert, die Garantien für die Sparer und Käufer der Anleihen von Banken innerhalb einer vorher angekündigten Zeitspanne abzuschaffen. Dann werden die Märkte durch ihren Druck dafür sorgen, dass Risikotransparenz entsteht. Das wird wahrscheinlich effizienter. Ach ja, ich vergaß: Marktwirtschaftliche Lösungen hat die Politik ja nicht auf dem Radarschirm.

Konsolidierung des Bankensystems

Die Fragmentierung des Bankensystems, insbesondere in Deutschland zwischen den drei Säulen und innerhalb der zwei Säulen Sparkassen und Genossenschaftsbanken, behindert die Umsetzung effizienter Bankprozesse und Synergien und ist ein wesentliches Hindernis für die Anpassung der Kostenstrukturen. Hier ist vor allem eine Konsolidierung innerhalb der Säulen kurzfristig umsetzbar.

Es geht dabei nicht darum, neue Riesenbanken zu schaffen, die wieder systemisch riskant sind. Ein Mittelweg wäre aber gangbar und wünschenswert. Denn seien wir doch mal ehrlich: Gibt es in Europa überhaupt genug Leute, um 8.000 Banken mit gutem Management zu führen?

Klar ist: Ein Land kann nicht den Wettbewerb innerhalb seines nationalen Bankensystems verzerren und zugleich ein international wettbewerbsfähiges Bankensystem haben.

Radikale Kostensenkung um 30 bis 50 Prozent im Finanzsektor

Durch Verschlankung und Automatisierung der Prozesse, Digitalisierung der Vertriebswege, Filialreduktion und Reduktion des Overheads. Die notwendige Anpassung ist in den meisten europäischen Ländern bei gegebenen Kündigungsschutzvorschriften ohne einen massiven Verlust an Kapital durch die extrem hohen Restrukturierungskosten nicht mit der notwendigen Geschwindigkeit durchführbar.

Die Kosten um 30 bis 50 Prozent zu reduzieren, passiert nämlich nicht bei den Büroklammern, sondern leider bei den Jobs. Wie dramatisch sich dies auf die Handlungsfähigkeit der Banken auswirkt, kann man an einem einfachen Beispiel erläutern:

Betrachten wir eine Bank mit einer Bilanzsumme von 100 Milliarden Euro und einem Eigenkapital von 10 Milliarden Euro. Wenn wir von Erträgen von 2 Milliarden Euro und Kosten von 1,8 Milliarden Euro ausgehen, hat die Bank eine Cost-Income-Ratio von 90 Prozent, was viel zu hoch ist, um ihre Risikotragfähigkeit zu sichern und sie gleichzeitig in die Lage zu versetzen, ihre Kapitalkosten zu verdienen. Das Verdienen der Kapitalkosten ist aber keine Übung, die allein dem Aktionär der Bank dient, damit er eine risikogerechte Dividende kassieren kann.

Vielmehr ist es eine notwendige und zwingende Voraussetzung, dass die Bank im Falle eines Großverlustes frisches Kapital von der Börse im Wege einer Kapitalerhöhung zu halbwegs tragbaren Konditionen einwerben kann.

Nehmen wir also an, wir müssen von einer Cost-Income-Ratio von 90 Prozent auf gesunde 60 Prozent herunterkommen, können aber die Erträge nicht substanziell steigern, ja müssen aufgrund der Nullzinspolitik eher damit rechnen, dass wir noch weitere 20 Prozent der Erträge verlieren, dann folgt daraus, dass wir die Kosten um mindestens ein Drittel, aber eher um die Hälfte senken müssen, um diese Bedingung zu erfüllen. In unserem Beispiel muss die Bank also zwischen 600 und 900 Mio. Euro an Kosten einsparen. Eine Faustregel besagt, dass sie dann etwa den doppelten Betrag an Abfindungen für die Restrukturierung aufbringen muss, um das durchzusetzen.

Das beläuft sich in unserem Beispiel auf 1,2 bis 1,8 Milliarden Euro, was knapp unter 20 Prozent des gesamten Eigenkapitals der Bank entspricht. Diese Kosten kommen in Form von Rückstellungen sofort, die Einsparungen werden aber erst nach zwei bis vier Jahren realisiert. Mit anderen Worten: Das Eigenkapital – und damit die Fähigkeit zur Kreditvergabe – schrumpft signifikant, was nicht nur die Gefahr birgt, regulatorische Kapitalziele zu verfehlen, sondern auch einer beschleunigten Ertragserosion Vorschub zu leisten.

Eine Kostenreduktion in der notwendigen Geschwindigkeit und ohne massive Einschnitte in die Risikotragfähigkeiten des Finanzsystems wird daher nur möglich sein mit einem Anpassungsgesetz, welches den Kündigungsschutz vorübergehend im Zuge der Gesamtsanierung des Systems stark einschränkt und so die Restrukturierungskosten massiv senkt. Das ist schmerzhaft, aber nicht so schmerzhaft wie kollabierende Banken.

Nachhaltige Steigerung der Erträge der Banken

Hierfür sind zwei Maßnahmenbündel erforderlich. Eine Anpassung der Zinsstruktur zur Wiederherstellung des Zinsertrags des für die Kreditversorgung unabdingbaren kommerziellen Kreditgeschäfts. Dies sollte in mehreren kurz aufeinander folgenden Schritten geschehen und mit einer Abschaffung der Einlagenstrafzinsen beginnen. Nur so können die Banken ihre Risikotragfähigkeit langfristig wiederherstellen und die Kreditversorgung der Wirtschaft sichern.

Durch Konsolidierung der Zahl der Banken und die Vorschrift einer risikoadjustierten Preissetzung von Krediten sollte der Wettbewerbsdruck so weit vermindert werden, dass Banken nicht zur Fixkostendeckung nicht auskömmliche Preise am Markt aufrufen und damit die Stabilität des Systems mittelfristig gefährden. (In den USA erfolgte die Rekapitalisierung des Systems zu einem nicht geringen Teil aufgrund oligopolistischer Marktstruktur und damit Durchsetzung höherer Zinsmargen und Gebühren.)

Ein neuer Asset Quality Review und Stresstest

Die bisher unter Federführung der EBA und EZB durchgeführten Asset Quality Reviews und Stresstests der Banken waren erkennbar mit erheblichen Mängeln methodischer Art belastet. Datengrundlage, Benchmarks, Berechnungsmethoden und Modelle entsprachen nicht dem Stand der Technik, waren teilweise nachweisbar falsch und führten deshalb zu falschen Ergebnissen, wie die Beispiele der griechischen und italienischen Banken nachträglich demonstrierten, wie aber auch eine kritische Betrachtung der eingesetzten Methoden zeigt.

Es ist erforderlich und auch möglich, einen Asset Quality Review und auch einen Stresstest auf Basis wissenschaftlich sauberer Methoden durchzuführen. Dies kann nach heutigem

Stand weitgehend automatisiert erfolgen und erfordert nicht
Kosten von 1,5 Milliarden Euro. Ziel ist die Identifikation der
ausfallgefährdeten Teilportfolien, die Risikomessung der Ge-
samtportfolien und die Ermittlung des für eine nachhaltige
Risikotragfähigkeit erforderlichen Kapitals. Das darf man aber
nicht mehr den Institutionen überlassen, die in Serie bei dieser Aufgabe versagt haben.

3. Stabilisierung der Pensionskassen und Lebensversicherungen

Es sind vor allem zwei Maßnahmen notwendig, um die Auswirkungen der Korrektur abzufedern:

Es muss den Versicherungsunternehmen gestattet werden,
nach eigener Risikoentscheidung die Fristigkeit des Portfolios
zu strukturieren, damit sie zu einem späteren Zeitpunkt mit
Wertaufholung ihre Rendite zugunsten der Versicherten wieder verbessern können. Dabei ist der Einsatz von Derivaten
mit hohem Risikobewusstsein und großer Vorsicht zu tätigen,
weil im Zuge einer Anpassungskrise diese Produkte ein nicht
geringes Kreditrisiko in das Portfolio tragen können, für das in
der Regel keine ausreichende Vorsorge getroffen werden kann.

Es muss den Versicherungsunternehmen gestattet werden,
von einer marktpreisbasierten Bewertung Abstand zu nehmen, solange keine Veräußerung der Papiere erfolgt oder diese
bis zum Laufzeitende im Portfolio gehalten werden. Die bar-
wertorientierte Verfehlung der Solvenzziele ist dann – zumindest vorübergehend – hinzunehmen. Eine Garantie, dass diese
Maßnahmen die heute schon angeschlagenen Kapitalsammel-

stellen der Lebensversicherung sanieren, sind diese beiden Maßnahmen aber nicht.

4. Reparatur der fehlgeschlagenen Governance des Euro

Eine Reform der Governance der europäischen Währungsunion zur Vermeidung einer Wiederholung der Krise durch Missbrauch von Haftung und Moral Hazard ist zwingend erforderlich. Ohne eine solche Reform muss der Euro abgeschafft werden, wenn wir die beschriebene Krise nicht immer wieder aufs Neue bis zur völligen Verarmung des Kontinents erleben wollen. Dazu gehört vor allem:

Reform des Stimmrechts in der EZB nach Haftungsgewichten unter Berücksichtigung von inneren Haftungsverhältnissen (Target 2).

Alternativ zur Berücksichtigung von Target-2-Salden wäre auch eine interne Besicherung mit Gold oder anderen werthaltigen Aktiva oder ein zwingender monatlicher Ausgleich möglich. So ähnlich wird das übrigens in den USA zwischen den Teilbanken der Federal Reserve gehandhabt, wo derartige Salden regelmäßig glattgestellt werden müssen.

Automatische Bestrafung von Verstößen gegen die Maastricht-Regeln ohne politische Eingriffsmöglichkeit. Die Strafzahlungen für das – auch vorübergehende – Überschreiten der Defizitziele müssen prohibitiv sein, z. B. Strafzahlung in mehrfacher Höhe des über den Regeln liegenden Betrages der Neuverschuldung und der

Schuldenobergrenze und Verlust des Stimmrechts in den Gremien der EZB, des SSM und weiterer relevanter Entscheidungsgremien der EU. Ausnahmeregelungen sollten ersatzlos abgeschafft werden!

Würde der Verstoß gegen den Vertrag von Maastricht zu einem automatischen Verlust des Stimmrechts in der EZB führen, wäre es mit der Politik organisierter monetärer Verantwortungslosigkeit sehr bald vorbei!

Entlassung von nachhaltig gegen die Verträge verstoßenden Mitgliedern aus der Währungsunion und Einstellung von Finanztransfers durch die EU.

Die einzige Alternative zu dieser Reparatur ist nach meiner festen Überzeugung die Abschaffung oder der Kollaps der Gemeinschaftswährung.

Die Erfahrung im Umgang mit der Krise lässt jedoch befürchten, dass die europäische Politik – wie so oft in den letzten Jahren – keine Entscheidungen treffen wird, schon gar keine schmerzhaften, sondern erneut versuchen dürfte, das Problem auszusitzen. Während die deutsche Politik wenigstens noch bereit ist, neue Wege zu diskutieren, ist das in Frankreich und Italien nicht der Fall. Hier wie dort will sich die politische Elite nicht mit der Oligarchie und dem staatswirtschaftlich-gewerkschaftlichen Komplex anlegen. Da ist Realitätsverweigerung die bevorzugte Strategie. Dem Erfolg dieser Strategie stehen aber die ökonomischen Realitäten entgegen, sodass – ich zitiere einen der bekanntesten deutschen Volkswirte, Prof. Thomas Mayer, Direktor des Flossbach von Storch Research Institute – »diese Krise über eine unvorbereitete Öffentlichkeit ohne Vorwarnung hereinbrechen wird«.

Auch ist klar, dass keine Entscheidung ebenfalls eine Entscheidung ist. Sollte sich die Krise in der hier prognostizierten Weise entladen, so stehen im Prinzip drei Wege offen: ein Beschreiten des oben dargestellten schmerzhaften Weges der Reform, eine Abschaffung des Maastrichter Vertrages und in der Folge eine Verstaatlichung der Banken durch die EZB mit frisch gedrucktem Geld oder ein ungeordnetes Auseinanderbrechen des Euro. Dabei kann auch Variante zwei ein mögliches Vorspiel des Auseinanderbrechens sein. Einen dieser Tode muss die Politik sterben. Die Frage ist, welchen sie wählt.

EPILOG

Freiheit in Gefahr

Freiheit bedeutet Verantwortlichkeit. Das ist der Grund,
weshalb die meisten Menschen sich vor ihr fürchten.

GEORGE BERNHARD SHAW

Alle großen Dinge sind einfach und viele können mit
einem einzigen Wort ausgedrückt werden: Freiheit,
Gerechtigkeit, Ehre, Pflicht, Gnade, Hoffnung.

WINSTON CHURCHILL

Die Freiheit ist etwas Wertvolles. So wertvoll, dass
man sie nur portionsweise vergeben darf.

WLADIMIR ILJITSCH ULJANOW, GENANNT LENIN

Das Prinzip der Meinungsfreiheit beschäftigt sich nicht
mit dem Inhalt der Rede eines Menschen und schützt nicht
nur die Äußerung guter Ideen, sondern aller Ideen. Wenn
es anders wäre, wer würde dann bestimmen, welche Ideen
gut wären und welche verboten sind? Die Regierung?

AYN RAND

Wenn die aufgestauten Ungleichgewichte zur Entladung kommen, welche die europäische Geldpolitik zu verantworten hat, müssen wir davon ausgehen, dass politische Strukturen, Gewissheiten und Institutionen der letzten 70 Jahre ins Wanken kommen werden. Bereits heute sehen wir eine zunehmende Erosion der Freiheit, die aus den anti-marktwirtschaftlichen Reflexen der Politik zwingend folgt. Die Überregulierung aller wichtigen Bereiche der Volkswirtschaft, nicht nur der Banken und der übrigen Finanzindustrie, sondern auch praktisch aller anderen Kernbereiche und Industrien, hat sich wie Mehltau über das Land gelegt. Die geplante und propagierte Abschaffung des Bargeldes ebnet dem totalitären Überwachungsstaat den weiteren Weg.

Europa befindet sich in einer Phase des Niedergangs. Seine mangelnde Fähigkeit, die Folgen von Finanz- und Eurokrise in den Griff zu bekommen, ist nur das sichtbarste Zeichen dieser Entwicklung. Dieser Verfall nährt sich letztlich von einem mangelnden Glauben an die Kraft der Freiheit und der jüdisch-christlichen Wurzeln unserer Zivilisation, welche die philosophischen Grundlagen der Aufklärung und der Menschenrechte hervorgebracht haben. Dieser Mangel an Überzeugung hat zu einer Erosion der Freiheit an vielen Fronten geführt. Das Ergebnis drückt sich aus in einer wirtschaftlichen Schwäche und einem Fehlen an Moral und Mut, für unsere Werte einzutreten. Dies hat die Widerstandsfähigkeit demokratischer Institutionen und unsere Fähigkeit, sie zu verteidigen, unterminiert. Es hat sogar unseren Willen untergraben, den Bedrohungen ins Auge zu sehen und ihre Existenz einzugestehen.

Zugleich hat sich unsere politische Klasse daran gewöhnt, die Herrschaft des Rechts durch das Recht der Herrschaft zu ersetzen.

Eine Kultur des schleichenden Rechtsbruchs pflanzt sich wie ein roter Faden durch die aufeinander folgenden Krisen der Europäischen Union und der Eurozone fort. Die Herrschaft des Rechts ist aber eine notwendige Voraussetzung für den Schutz der Freiheit. Wer wissen will, warum sich die Mehrheit der Briten für den Brexit entschieden hat, sollte lieber hier suchen, anstatt in arrogante Wählerschelte zu verfallen.

Die europäischen Nationen haben das Vertrauen in die Kraft des privaten Unternehmertums verloren. Es geht dabei um unsere Freiheit, als freie Männer und Frauen zu handeln, Herren unseres eigenen Schicksals zu sein und selbst zu entscheiden, was das Beste für uns ist.

Stattdessen setzt eine Mehrheit der Menschen ihr Vertrauen in einen Staat der Be*mutterung*, die sanfte Tyrannei einer Bürokratie, die ihren Machtanspruch und Kontrollwahn über unser Leben hinter dem Schleier der sozialen Sicherheit von der Wiege bis zur Bahre versteckt.

Das präferierte Werkzeug der Unterdrückung von Widerspruch ist dabei die Sprache der politischen Korrektheit und die soziale Ächtung Andersdenkender durch den gezielten Einsatz von Medien.

Die Presse, deren eigentliche Kontrollfunktion in einer Demokratie die Kontrolle der Mächtigen ist, degeneriert mehr und mehr zu einer Kontrolle der Meinungen. Sie tut das vor allem, indem sie einen der wichtigsten und fundamentalsten Grundsätze objektiver Berichterstattung über Bord geworfen hat: die Trennung von Nachricht und Meinung. Kaum ein Nachrichtenartikel folgt noch diesem Grundsatz, die Meinung des Schreibers quillt überall aus und zwischen den Zeilen heraus.

Es wird nicht mehr geschrieben, was ist, sondern was nach Auffassung des Journalisten sein soll, nicht sein darf, zu sein hätte. Passiert es nicht offen, so passiert es durch die Wahl von Attributen wie »neoliberale Wirtschaftsvertreter«, »rechtspopulistische Partei« usw.

Eine weitgehend linkspopulistische Haltung der Presse führt dabei zu einer Einseitigkeit, die von einer immer größeren Zahl von Menschen als Bevormundung und Erziehungsversuch wahrgenommen wird. Gleichzeitig werden die Mächtigen mit Samthandschuhen angefasst. So wird die Funktion der Presse als Kontrolleur zum Schutz der Freiheit freiwillig und ohne Not aufgegeben oder zumindest beschädigt.

Wir haben einen Sektor der Volkswirtschaft nach dem anderen in einen eingezäunten Zoo aus Regulierung, zentraler Planung und staatlicher Einmischung umgewandelt.

Als Vorwand dient dabei die »Zähmung eines vermeintlichen Raubtierkapitalismus«, der »Klimaschutz« oder andere angenommene oder vorgeschobene »edle Anliegen«. Dabei werden einfachere marktbasierte Lösungen meist ignoriert, obwohl sie kostengünstiger und effektiver sind als die Überregulierung.

Banken, Kapitalmärkte, Energie, Gesundheit, Transportwesen, Wohnen, Landwirtschaft und viele andere Sektoren der Wirtschaft werden von einer Überregulierung erstickt, die meist zum Ziel hat, oft nur wahrgenommene, aber nicht reale »Fehler« zu korrigieren. Bürokratische Gutmenschen machen dabei Politik mit dem Ziel der Enteignung und der Verweigerung grundlegender Eigentumsrechte. Die Mehrheit der wirtschaftlichen Aktivitäten wird mittlerweile vom Staat ausgeführt oder durch staatliche Interventionen verzerrt. Das Ergebnis ist ein stetiges Wachstum der Fehlallokation wirtschaftlicher Ressourcen und Güter, und mit ihm die Anhäufung von ökonomischen Ungleichgewichten und Risiken.

Die Mittel, welche die politische Klasse Europas für die Umsetzung von Umverteilung, Subventionen und Partikularinteressen der jeweils aggressivsten und lautstärksten Interessengruppen benötigt, können schon lange nicht mehr aus legitim durchsetzbarer Besteuerung eingenommen werden. Die Verschuldung der europäischen Staaten, insbesondere der Mitgliedsländer des Euro, hat sich auch – entgegen anderslautenden Behauptungen – deswegen keineswegs abgebremst.

Unsere geldpolitischen Institutionen haben daher einen Umwandlungsprozess vollzogen: weg von einer Verfasstheit der Unabhängigkeit hin zu einem Regime ohne Rechenschaftspflicht. Der Fokus auf Preisstabilität wurde ersetzt durch einen Fokus auf Umverteilung und Enteignung der Sparer. Dabei hat die Führung der EZB das Orwell'sche »Doppelsprech« so weit getrieben, den Menschen eine Mindestinflation als Preisstabilität verkaufen zu wollen.

Die willkürliche Verzerrung des Zinses, des zentralen Preises einer funktionierenden Marktwirtschaft, und seine Verwandlung in ein Instrument finanzieller Unterdrückung bedeutet die Enteignung hart arbeitender, klug haushaltender Bürger.

Dies geschieht zum Vorteil der verschwenderisch Wirtschaftenden und unterstützt die Ausgabenwut von Regierungen. Die durch die Geldpolitik gewaltsam angeglichenen und niedrig gehaltenen Risikoaufschläge der Staatsanleihen im Euroraum, die vom tatsächlich messbaren (und gemessenen) Kreditrisiko dramatisch abweichen, erzwingen einen Vermögenstransfer gewaltigen Ausmaßes von Nord nach Süd.

Der Zins als Preis des Geldes ist bezüglich der Information, die er den Unternehmen und Konsumenten zur Verfügung stellt, der wichtigste Preis überhaupt. Er ist »geronnene Zeit«. Seine Höhe beeinflusst alle anderen Preise einer Volkswirtschaft, ihre Dynamik, ihre relative Höhe zueinander. Wenn die Freiheit des Wirtschaftens eine Bedeutung hat, dann die, dass Menschen Preise frei aushandeln und dass die relativen Verhältnisse der Preise die Knappheit und die Präferenzen aller am Wirtschaftsleben teilnehmenden Menschen reflektieren.

Diese Politik hat dazu geführt, dass wir vor einer monetären Krise stehen, die sich wahrscheinlich in Form von Deflation und Depression entfalten wird, um später in eine Hyperinflation und die umfassende Zerstörung der Ersparnisse umzukippen. Die neue Verschärfung der Bankenkrise ist die logische Folge dieser Politik und zugleich das Wetterleuchten der kommenden ökonomischen Katastrophe.

Auf dem Weg in den Abgrund macht sich die geldpolitische Elite nun daran, unter dem fadenscheinigen Vorwand der Bekämpfung von Geldwäsche und Steuerhinterziehung eine weitere Säule der ökonomischen Freiheit zu attackieren: Die Verfügbarkeit von Bargeld und die mit ihm allein herstellbare Privatsphäre des Menschen hinsichtlich seiner Präferenzen, Kaufentscheidungen und Vorsorgemaßnahmen vor willkürlicher Enteignung. Letzteres, die Fähigkeit der Menschen sich gegen Enteignung zu wehren, zu zerstören, ist das eigentliche Ziel des Krieges gegen das Bargeld.

Unter Missachtung des Prinzips, dass jeder Bürger das gleiche Gewicht seiner Stimme hat, haben wir einem nicht gewählten Kreis von Bürokraten praktisch unbegrenzte ökonomische Macht übertragen. Dabei führt die Abwesenheit demokratischer Kontrolle zu einer Unterminierung der Demokratie. Unsere Regierungen, Parlamente und Gerichte haben keine Maßnahmen ergriffen, das Volk vor dieser Missachtung demokratischer Prinzipien und Regeln guten Regierens zu schützen. Vielmehr haben sie sich permanent von roten Linien zurückgezogen, die sie ursprünglich selbst gezogen hatten, um die Menschen von ihrer demokratischen Ernsthaftigkeit zu überzeugen, als der ganze Prozess ins Rollen kam.

Inhaber höchster öffentlicher Ämter haben die Öffentlichkeit belogen und dies später auch noch zugegeben, ohne das geringste Zeichen von Reue. Europäische Regierungen haben Verträge gebrochen, die die Grundlage der Währungsunion bildeten. Dabei wurde der verfassungsmäßige parlamentarische Prozess unter Verletzung von Gesetzen ausgehebelt, um die Zustimmung zu Notstandsmaßnahmen zu erreichen. Im Zuge dessen hat man neue Institutionen mit ungeheurer Macht, Geld auszugeben, geschaffen und ihre Führungsgremien und leitenden Personen mit totaler rechtlicher Immunität ausgestattet und sie so über das Gesetz gestellt. Man muss feststellen, dass es eine Unfähigkeit oder einen Unwillen unserer gewählten Vertreter gibt, diese Erosion des Rechtsstaats zu stoppen. Dies ist ein epochales Versagen der politischen Elite.

Diese Realität ist ein Angriff auf die Substanz der Freiheit, denn niemand kann frei sein, wenn seine wirtschaftliche Existenz in die Hände Dritter gelegt wird, deren Entscheidungen weder der disziplinierenden Wirkung des Marktes noch einem angemessenen demokratischen Prozess oder der Herrschaft des Rechts unterworfen werden.

Es ist allerhöchste Zeit aufzustehen und zurückzufordern, was uns gehört: Die Freiheit, selbst zu entscheiden, wie wir leben wollen, was wir kaufen und verkaufen wollen, mit wem wir handeln wollen, weil wir ihm vertrauen, nicht überwacht und gegängelt zu werden, nicht gläsern zu sein durch eine Abschaffung des Bargeldes und die totale Kontrolle unserer Privatsphäre durch die Apologeten des geheimdienstlichen Polizeistaates. Wenn der Staat oder private Unternehmen jeden Bezahlvorgang kennen, den wir tätigen, dann gibt es keine Privatsphäre mehr. Die Summe unserer Kaufentscheidungen reflektiert die Summe unserer Präferenzen. Die Summe unserer Präferenzen sagt aus, wer wir sind. Wollen wir das wirklich mit unfähigen Politikern und machtbesessenen Bürokraten teilen?

Ich rufe dazu auf, dem Widerstand entgegenzusetzen. Ich fordere eine Renaissance der Freiheit. Der Staat kommt nicht zuerst. Die Zentralbank kommt nicht zuerst. Der Mensch, seine Freiheit, seine Individualität, sein Wert, seine Würde, wurzelnd im Menschenbild unserer jüdisch-christlichen Zivilisation und der Aufklärung, kommen zuerst.

Ich rufe dazu auf, in der kommenden Krise den Vertretern des sozialistischen Verteilungsstaates und der Geldplanwirtschaft die Stirn zu bieten. Erlauben Sie ihnen nicht, das Versagen von Politik und Geldpolitik als Vorwand zu missbrauchen, wieder von Marktversagen zu schwafeln und mit diesem verlogenen Argument die Freiheit weiter einzuschränken. Wenn Sie diesen Widerstand nicht leisten, werden Sie nicht nur Ihre wirtschaftliche Freiheit verlieren, sondern auch Ihre politische Freiheit. Die Freiheit der Meinungsäußerung, die Freiheit der Wahl. Es gibt keine politische Freiheit ohne wirtschaftliche Freiheit. Das haben die DDR und die Sowjetunion eindrucksvoll unter Beweis gestellt.

Ich rufe dazu auf, die Werte zurückzuerobern, die das Fundament der Freiheit sind. Es sind dies nicht die Werte der Beliebigkeit, die uns die 68er mit ihrer Vergötzung des Egoismus eingeimpft haben. Der Wert des Individuums kristallisiert sich nicht im Egoismus, er kristallisiert sich in der Annahme von Pflicht als Kehrseite der Freiheit.

Frage nicht, was dein Land für dich tun kann, sondern frage, was du für dein Land tun kannst (John F. Kennedy).

Dank

Dieses Buch ist quasi der Versuch, sich die Sorge um Deutschland und Europa von der Seele zu schreiben. Ich danke all meinen Freunden, die unzählige Stunden der Diskussion und Herausarbeitung dieser existenziellen Fragen unserer Währungsverfassung nicht nur ertragen, sondern auch noch gefördert haben, für ihre Ermutigung, die dabei entwickelten Ideen, Analysen und Gedanken zu Papier zu bringen.

Mein besonderer Dank geht an Prof. Thomas Mayer, dessen unbestechliche Präzision bei der volkswirtschaftlichen Begriffsklärung mich vor peinlichen Fehlern bewahrt hat. Ich danke außerdem meinen Kollegen und Partnern, die – im Bewusstsein um die Kontroverse, die dieses Buch vielleicht lostreten wird – den Rat gegeben haben, nicht wieder unter Pseudonym, sondern unter Klarnamen zu publizieren. Hoch mit dem Visier!

Ich danke meiner Lektorin für ihre Stilsicherheit, ihre Geduld, mit der sie mir die eine oder andere überpolemisierte Formulierung ausgeredet hat, sowie ihre Fähigkeit, das Geistreiche vom Überdrechselten zu trennen. Alle sachlichen Fehler, die das Buch noch enthalten mag, fallen natürlich ganz und gar in meine eigene Zuständigkeit.

Folgen Sie Markus Krall auf Twitter unter Dr. Markus Krall @Markus_Krall. Er schreibt dort über die Gefahren der Geldpolitik, Überregulierung und streitet für die freie und soziale Marktwirtschaft und die freiheitliche Ordnung.

Verzockte Freiheit

Diogenes Rant

Mit Diogenes Rant schreibt erstmals ein Insider über seine Einsichten aus der Finanzkrise. Als Topconsultant hat er über 20 Jahre an vorderster Front der nationalen wie europäischen Politik und Finanzwirtschaft gearbeitet. Er weiß, was sich in der Krise hinter den Kulissen abgespielt hat und dass es notwendig ist, das Verständnis der Bürger zu den Ursachen und Folgen der Krise fundamental infrage zu stellen. Denn es steht nicht weniger auf dem Spiel als unsere Freiheit und die demokratische Grundordnung.

Wer »Verzockte Freiheit« nicht gelesen hat, kann beim Thema Finanz- und Eurokrise eigentlich nicht mehr mitreden – so spannend und scharfzüngig hat Ihnen die Krise noch keiner erklärt.

208 Seiten | Hardcover | 19,99 € (D) | ISBN 978-3-89879-854-9